AF523927

Für Steffen
- Lieblingsmensch seit 1999 -

Anna Eunike Röhrig

Der Clan Friedrichs des Großen

Ein König mit 13 Geschwistern

MatrixMedia Verlag

Impressum

Internet: www.matrixmedia.info

Umschlagabbildung:
König Friedrich II. von Preußen;
Ölbild von Antoine Pesne, 1746
GK I 50958, © SPSG

Redaktionelle Bearbeitung: Werner Lehfeldt, Göttingen
Gestaltung und Layout: Masood Ghorbani
Druck: druckhaus köthen, Köthen
ISBN 978-3-946891-15-4

Dieses Buch wurde gefördert durch:

Vorwort

Nur einmal, und zwar bereits 1976, ist bisher im deutschsprachigen Raum der Versuch unternommen worden, eine Sammelbiographie der Geschwister Friedrichs des Großen zu verfassen. Das umfangreiche Werk von Charlotte Pangels, mittlerweile längst vergriffen, besitzt große Verdienste und hat auch mir manche Anregung gegeben. Doch einiges ist in ihm unberücksichtigt geblieben – beispielsweise die Lebensläufe der als Kinder verstorbenen Brüder und Schwestern des Königs – oder wurde im Stil der Zeit geschönt. Friedrich wird als die große Lichtgestalt geschildert, die im Grunde nichts falsch machen konnte. Der homosexuelle Prinz Heinrich – die Quellenlage dazu ist eindeutig, und auch die meisten seiner Zeitgenossen wussten darum – hingegen wird zum Heteromann umgeschrieben. Anna Amalia von Sachsen-Weimar-Eisenach, Goethes Musenfreundin, die als Kind so sehr unter den abschätzigen Bemerkungen ihrer Eltern zu ihrer Person zu leiden hatte, hat angeblich nur zu wenig Humor gehabt, um eben solche Bemerkungen richtig zu verstehen. Diese Beispiele aus einer Menge ähnlicher sowie die Tatsache, dass es inzwischen neuentdeckte Quellen zum Thema gibt, mögen als Rechtfertigung dienen, wenn ich nun eine weitere, knapp und überschaubar gehaltene Arbeit vorlege, in der erstmals alle Kinder des »Soldatenkönigs« Friedrich Wilhelm I. und seiner Gemahlin Sophie Dorothea, also auch die früh verstorbenen Geschwister Friedrichs II., mit ihren Lebensläufen dargestellt werden. Es handelt sich um die erweiterte und verbesserte Version eines erstmals 2008 erschienenen Werkes aus meiner Feder.

Zu Beginn wird ein kurzer Überblick über die Geschichte der Anfänge des preußischen Königtums gegeben und wird die denkwürdige Ehe der Eltern jener 14 Prinzessinnen und Prinzen geschildert, die die umfangreiche Kinderschar der beiden bildeten. In chronologischer Reihenfolge erscheinen dann die einzelnen Biographien, wobei Friedrich der Große als der Viertgeborene auch erst an vierter Stelle geschildert wird. Das ihm gewidmete Kapitel ist relativ knapp gehalten, da sein Lebenslauf ohnehin stückchenweise in denjenigen Abschnitten auftritt, die sich mit seinen Geschwistern beschäftigen, und sich dadurch zusammensetzen lässt wie ein Mosaik.

Faszinierend ist der Vergleich zwischen den 14 Dargestellten, die, soweit sie nicht schon als kleine Kinder gestorben waren, so vieles gemeinsam hatten, vor allem eine spitze Zunge samt der Neigung zu Ironie und Sarkasmus, mit der häufig andere Menschen verletzt wurden und die die Preußen-Geschwister um etliche Chancen im Leben brachte. Dazu kam eine überdurchschnittliche Begabung auf musikalischem Gebiet, die viele Familienmitglieder sogar zum Komponieren befähigte. Rein physisch betrachtet, sahen die Schwestern und die Brüder einander recht ähnlich: Fast alle hatten eine sehr zierliche Statur und große blaue Augen geerbt – ihre Eltern waren Cousin und Cousine ersten Grades.

Vielen wird neben der Neigung zu Kunst und Kultur, die sie von der Mutter geerbt hatten, auch Hochmut und Arroganz zugeschrieben, die nicht von dem eher volksnah auftretenden Vater kamen. Alle gemeinsam litten unter der »preußisch« strengen Erziehung, die man auch als Drill bezeichnen könnte und die nicht nach speziellen Begabungen fragte, sondern alles bis in Detail vorschrieb und in Kindern unvollkommene Erwachsene sah.

Erschütternd auch die Tatsache, dass alle Kinder in unterschiedlichem Maße von der zerrütteten Ehe der Eltern geprägt wurden, die einander in Hassliebe zugetan waren. Sehr oft spielte das königliche Paar die Kinder gegeneinander aus, so dass aus vielen später misstrauische, bindungsunfähige Menschen wurden. Wie schon erwähnt, waren die Eltern nah miteinander verwandt, doch eine erbliche Belastung scheint für den Nachwuchs nicht daraus erwachsen zu sein, es sei denn, man erklärt Friederike Luises spätere Geisteskrankheit und Anna Amalies kauziges Wesen damit.

Die Kinder kamen im Verlauf von 23 Jahren zur Welt. Wilhelmine, die älteste Überlebende, war 21 Jahre älter als ihr jüngster Bruder Ferdinand. Jungen und Mädchen lebten nach Geschlechtern getrennt. Oft wohnten mehrere im Alter einander Nahestehende zusammen. Jeder hatte eigene Erzieher(innen) und Oberhofmeister(innen). Den Jungen wurde eine bessere Bildung als den Mädchen zuteil, die aber, verglichen mit der Erziehung anderer Sprösslinge von Monarchen und Hochadel, eher als Schmalspurstudium bezeichnet werden muss. »Soldatenkönig« Friedrich Wilhelm I. war kein Freund der Intellektuellen und räumte allem Militärischen absoluten Vorrang ein. Der Kontakt zu beiden Elternteilen gestaltete sich nicht ungezwungen und liebevoll, sondern reglementiert und der Etikette angepasst. Das allerdings war auch überall sonst die Norm in vergleichbaren Familien.

Ein beneidenswertes Schicksal hatte wohl niemand unter den Preußen-Geschwistern. Sie mussten sich Partner(innen) im Sinne der Staatsräson aufzwingen lassen, wobei Friedrich der Große nach seiner Thronbesteigung an die Stelle des tyrannischen Vaters trat und nun alle so behandelte, wie er selber behandelt – besser: misshandelt – worden war. Am deutlichsten wurde dies bei dem rebellischen »kleinen« Bruder Heinrich, einem genialen Heerführer und heimlich von ihm beneideten Strategen, dem Friedrich erst dann einen eigenen Hofstaat und relative Freiheit zugestand, als er sich verheiraten ließ. Diese Ehe war weder politisch sinnvoll oder gar notwendig, noch ging Heinrichs private Neigung in diese Richtung – er war schwul, was Friedrich (der sich einmal mit Heinrich um denselben Liebhaber stritt) nur zu genau wusste. So war die angeordnete Heirat eine einzige Machtdemonstration, wobei es natürlich gleichgültig war, dass damit wieder einmal eine unglückliche Prinzessin auf der Strecke blieb. Private Harmonie fanden nur Prinz Ferdinand, der eine Liebesheirat mit seiner Nichte einging, sowie Luise Ulrike, die durch Zufall in dem schwedischen Thronfolger den richtigen Partner fand. Prinzessin Philippine Charlotte lebte mit ihrem Braunschweiger Gemahl Karl nur deshalb in ehelichem Frieden, weil sie viele Jahre lang großmütig über seine Frauengeschichten hinwegsah. Bei vielen Geschwistern dagegen wuchs sich das Privatleben zu einer regelrechten Tragödie aus. Prinzessin Sophie wurde von ihrem Mann mehrere Male fast umgebracht; ihre Schwester Friederike Luise zerrieb sich in den Interessenskonflikten von Ehemann und Vater, wurde schwer depressiv und verdämmerte Jahre abgeschlossen von der Außenwelt.

So mangelt es den Lebensläufen der 14 Preuß(inn)en und deren Kinder – denn auch diese zählten zum Clan des großen Friedrich, und er verfügte oft nach Gutdünken über sie – nicht an Dramatik. Bei meiner Forschungsarbeit habe ich selbst immer wieder gestaunt, beispielweise über die vielfältigen Interessen Anna Amalies, die als Einzige im Geschwisterkreis unvermählt blieb. Ihre Hobbies wären selbst heute noch für einen männlichen Partner (gewiss jedoch auch für eine potentielle Partnerin) zumindest gewöhnungsbedürftig: Sie sezierte Leichenteile und ließ, angeblich aus naturwissenschaftlicher Neugierde, alte Gräber öffnen. Jede(r) für sich ist eine spezielle Betrachtung wert. Verschiedene Autoren haben behauptet, jegliche Beschäftigung mit den »mittelmäßigen« Brüdern Wilhelm und Ferdinand sei Zeitverschwendung. Welche Anmaßung – als ob nur hochbegabte Menschen etwas zählten! Jeweils auf ihre Weise haben auch diese beiden zur preußischen Geschichte beigetragen.

Alle Behauptungen in diesem Werk sind belegbar. Wenn Quellen zweifelhaft waren, habe ich dies auch angegeben. Mein Dank geht an alle, die mir dabei halfen, Dokumente auszuwerten und Literatur zu beschaffen. Mein ganz besonderer Dank geht an Herrn Prof. Dr. Werner Lehfeldt in Göttingen für seine sorgfältige redaktionelle Bearbeitung der Textvorlage. Um Nachsicht bitte ich meinen Ehemann Gerd und unseren Sohn Steffen, weil sie mich zeitweise mit weiteren 14 Familienmitgliedern teilen mussten. Steffen ist während der Jahre, in denen ich einen Großteil meiner bisherigen Buchtitel verfasste, vom neugierig fragenden Buben zu einem an allem Anteil nehmenden Studenten herangewachsen, auf den wir stolz sind. Ihm widme ich dieses Werk mit all meiner Liebe.

Ein merkwürdiges Paar
König Friedrich Wilhelm I. von Preußen und Sophie Dorothea von Braunschweig-Lüneburg, Eltern von sieben Söhnen und sieben Töchtern

Das Vorspiel – Kampf um die Krone

Von der »märkischen Streusandbüchse« zum Königreich, vom Großen Kurfürsten bis zum »Großen Plusmacher«, dem Soldatenkönig – der Weg zu dem von allen respektierten, ja mitunter sogar gefürchteten Staat war nicht leicht. Preußen verdankte seine Entwicklung dem Zusammentreffen günstiger Umstände zur rechten Zeit, vor allem aber dem Handeln und vorausschauenden Planen mehrerer aufeinanderfolgender Herrscher, ohne deren Persönlichkeit dies alles nicht denkbar gewesen wäre.

Allgemein wird Friedrich Wilhelm von Brandenburg, bekannt als »der Große Kurfürst« (1620-1688), als Begründer dessen angesehen, was unter seinem Sohn Friedrich zum Königreich avancieren, unter seinem Enkel Friedrich Wilhelm auf ein wirtschaftlich stabiles Fundament gestellt werden und unter seinem Urenkel Friedrich dem Großen zu einer militärisch geprägten Großmacht aufsteigen sollte. Der Große Kurfürst, lebenslang ein getriebener Mensch, hatte an seinem eigenen Vater das beste Beispiel, wie man es als Herrscher nicht machen sollte. Sich davon abzusetzen und sich im Kreis der Mächtigen Europas Respekt zu verschaffen, statt als Spielball anderer Staaten zu dienen, das blieb Friedrich Wilhelms vorrangiges, beharrlich angestrebtes Ziel.

Kurfürst Georg Wilhelm (1595-1640), sein Vater und Vorgänger, war Markgraf von Brandenburg, Herzog in Preußen und Herzog von Kleve gewesen – und genauso divers wie diese Titel lagen die dazugehörigen Territorien verstreut. So wenig wie Letztere eine geographische Einheit bildeten, so wenig gab es dort eine wirtschaftlich-soziale und ethnische Einheit. Sie miteinander durch Landgewinn und Eroberungen zu verbinden und ein abgerundetes Ganzes daraus zu schaffen: das war dem biederen, redlichen und wenig entscheidungsfreudigen Herrscher nicht in den Sinn gekommen. Er hatte darüber hinaus noch das Pech gehabt, in der Zeit des Dreißigjährigen Krieges (1618-48) zu regieren, der katastrophale Folgen für die an ihm beteiligten Länder haben sollte, nicht zuletzt und ganz besonders stark für Brandenburg. Vordergründig handelte es sich um eine Auseinandersetzung zwischen verschiedenen christlichen Konfessionen, tatsächlich jedoch ging es nicht nur um Religion, sondern um Macht, Reichtum und Einfluss.

Georg Wilhelm versuchte, unter Anlehnung an das Brandenburg benachbarte Kursachsen in dem drei Jahrzehnte währenden Konflikt möglichst neutral und dem Kaiser treu zu bleiben. Letzterem war er ohnehin verpflichtet, weil der damalige König von Polen der Schwager des Kaisers war. Und als Herzog in Preußen – nicht von – konnte Georg Wilhelm nur auftreten, weil er dieses Gebiet als Lehen der polnischen Krone empfangen hatte. Es umfasste damals vor allem das Territorium, das wir als Ostpreußen bezeichnen, mit Königsberg als Hauptstadt.

Doch seine familiären Verbindungen brachten den Kurfürsten immer wieder in aussichtslose Situationen. Seine Ehefrau, Elisabeth Charlotte von der Pfalz (nicht zu verwechseln mit der gleichnamigen »Liselotte«, der berühmten Briefschreiberin), war die Schwester des glücklosen »Winterkönigs« Friedrich V., dessen Sturz den Krieg überhaupt ausgelöst hatte. Zugleich war seine eigene Schwester Maria Eleonora die Gemahlin des Schwedenkönigs Gustav II. Adolf geworden, der großen Hoffnung der lutherischen Protestanten. Alle diese Parteien versuchten, Georg Wilhelm für ihre Sache einzuspannen und von seinem Neutralitätskurs abzubringen.

Hinzu kam, dass Brandenburg über keine eigene Armee verfügte. Hilflos musste der Kurfürst zusehen, wie sein ohnehin armes, wenig fruchtbares und nicht mit Bodenschätzen gesegnetes Stammland von den Heeren anderer Staaten ausgeplündert und verwüstet wurde. Kreuz und quer zogen katholische wie protestantische Feldherren nach Belieben durch Brandenburg, versorgten sich dabei durch Plünderungen selbst und hinterließen regelmäßig Hunger, Zerstörung und eingeschleppte Seuchen. Nach jahrzehntelangen Kämpfen gab es ganze Landstriche, die entvölkert waren.

Zwar wurde Georg Wilhelm 1638 auch mit dem Herzogtum Pommern belehnt, nur hatte er vorläufig nichts davon, weil die Schweden es schon seit acht Jahren besetzt hielten. Im selben Jahr floh der gesundheitlich angeschlagene Kurfürst nach Königsberg, wo es noch weitgehend sicher für ihn war. Dort erlag er zwei Jahre später seiner Herzschwäche, die sich durch Wassersucht bemerkbar machte, und einem Schlaganfall, erst 45 Jahre alt.

Sein ältester Sohn Friedrich Wilhelm, der ihm nachfolgte und später als der »Große Kurfürst« in die Geschichte eingehen sollte, schwor sich, es besser zu machen und eine Stellung anzustreben, wie sie ihm – wie er meinte – aufgrund seiner Herkunft gebührte. Der junge Kurfürst hatte es als äußerst demütigend empfunden, als Kind, von seinen Eltern getrennt, sieben Jahre in der Festungsstadt Küstrin verbringen zu müssen. Diese galt als relativ sicher, weshalb man den Thronerben dorthin geschickt hatte. Friedrich Wilhelm empfand jedoch den Aufenthalt wie eine Gefängnisstrafe. Diese prägende Erfahrung trieb ihn an, seinem Land eine bessere Ausgangsposition zu verschaffen, sobald dies nach Beendigung des Dreißigjährigen Krieges (1648) möglich sein sollte. Als Herrscher wünschte sich der Kurfürst größtmögliche Beachtung. Es kränkte ihn, wenn andere Regenten nicht auf Augenhöhe mit ihm verkehrten.

Der erste Schritt zur Verwirklichung seiner Ziele konnte 1656 getan werden. Da Schweden einen Krieg gegen Polen angezettelt hatte und Hilfe benötigte, nutzte Friedrich Wilhelm seine Chance, im Gegenzug für seine Unterstützung von dem schwedischen König Karl X. Gustav als souveräner Herrscher über das Herzogtum Preußen anerkannt zu werden, das er erst einige Jahre zuvor als Lehen empfangen hatte, vor dem Polenkönig knieend. Im Frieden von Oliva wurde diese Souveränität 1660 auch von Polen anerkannt. Sechs Jahre später gelangte dann das Herzogtum Kleve zusammen mit den zu ihm gehörenden Grafschaften Mark und Ravensberg endgültig in den Besitz des Kurfürsten, und 1672, nach Vernichtung der ständischen Sonderrechte, konnte er sie völlig mit dem brandenburgisch-preußischen Staat vereinigen.

Der Große Kurfürst unternahm danach noch mancherlei, um seinen Landbesitz zu erweitern und zu stabilisieren. Immer wieder wechselte er

Der »Große Kurfürst« Friedrich Wilhelm von Brandenburg mit seiner ersten Frau Luise Henriette von Oranien;
Ölbild von Gerrit v. Honthorst, um 1660

seine Bündnispartner, was für diese äußerst irritierend war, aber nicht immer die anvisierten Vorteile einbrachte. Bei seinem Tod war Friedrich Wilhelm noch nicht im Besitz des ersehnten Vorpommern. Diese Aufgabe sollten erst seine Nachfolger lösen. Aber ein Grundstein war gelegt, auf dem sich aufbauen ließ. Der Große Kurfürst siedelte um ihres Glaubens willen aus ihrer Heimat vertriebene Menschen an, die dem entvölkerten Land aufhelfen konnten. Seine erste Gemahlin Luise Henriette von Nassau-Oranien (1627-67) unternahm mit ihrer reichen Mitgift und allerlei wirtschaftlichen Kenntnissen ebenfalls vieles im Bereich Landbau und Handel, was sich erfolgreich entwickelte. Die Niederländerin schenkte ihm insgesamt sechs Kinder, unter ihnen den späteren Nachfolger des Kurfürsten.

Nach Luises frühem Tod heiratete Friedrich Wilhelm noch einmal: die tatkräftige Witwe Dorothea von Schleswig-Holstein-Sonderburg-Glücksburg (1636-1689), von der er weitere sieben Kinder bekam. Den ältesten Sohn aus dieser Ehe, Philipp Wilhelm (1669-1711), stattete er mit der Herrschaft über das Gebiet Schwedt-Wildenbruch an der Oder aus. In seinem Testament, das dann doch nicht umgesetzt wurde, verfügte der Kurfürst die Einrichtung von insgesamt fünf Sekundogenituren für seine Söhne. Die Verwirklichung dieser Verfügung hätte das Land heillos zersplittert und auf lange Sicht seinen Aufstieg verhindert.

Friedrich III. von Brandenburg, der nach dem Tod des Großen Kurfürsten den Thron bestieg, war nicht der Wunschnachfolger seines Vaters gewesen. Von frühester Jugend an hatte der Mann es schwer, musste er sich gegen widrige Umstände durchsetzen. Friedrich (1657-1713) war der Zweitgeborene aus der ersten Ehe des Vaters, ein zartes, körperlich klein geratenes und schüchternes Kind. Zu allem Übel war »Fritz«, wie er in der Familie hieß, seiner Amme als Baby vom Wickeltisch gefallen, was ihm lebenslänglich Folgen bescherte: eine Art Buckel durch eine verwachsene Schulter sowie nach innen gekehrte Füße. Die spottlustigen Berliner nannten ihren Herrscher später liebevoll den »schiefen Fritz«. Der Große Kurfürst aber war im Stillen skeptisch, ob ein solcherart behinderter Sohn, dem Reiten, Fechten und Tanzen schwerfielen, zur Herrschaft geeignet sei.

Nur zu deutlich merkte der Junge, dass sein Vater den älteren Bruder vorzog, den Thronfolger Karl Emil, der sich für nichts außer für Militär und Jagd interessierte und gerade damit den Kurfürsten erfreute. Für das Selbstbewusstsein des eher spartanisch erzogenen Prinzen war die Behandlung, die ihm von seinem strengen Erzieher widerfuhr, ebenfalls eher hinderlich. Eberhard von Danckelmann tat sicherlich sein Bestes, um Friedrich eine gediegene Bildung zu verschaffen, versündigte sich aber durch mangelnde Empathie an dessen Kinderseele. Noch heute erhalten sind Schreibübungen, bei denen der Junge auf deutsch wie auf latein mehrfach den Satz wiederholen musste »Bruder undt ich wöllen gelehrte Printzen werden. Aber Fritz wirdt ein Esel bleiben« [originale Orthographie].

Doch der Große Kurfürst musste sich damit abfinden, dass der hintangesetzte Friedrich, der auch noch mit zehn Jahren seine Mutter Luise verlor, ihm dereinst nachfolgen würde. Denn der vergötterte Karl Emil war 1674 während eines Feldzuges, der seine militärischen Kenntnisse zur Praxis hin hatte erweitern sollen, im Alter von nur 21 Jahren einer tödlichen Seuche erlegen. In den folgenden Jahren kam es immer wieder zu heftigen Auseinandersetzungen zwischen Vater und Sohn. Friedrich Wilhelm verstieg sich sogar dazu, die Vaterschaft des gesundheitlich angeschlagenen Kurprinzen anzuzweifeln, als Friedrichs Gemahlin schwanger war. Gegner der Kurfürstin wiederum redeten dem verunsicherten Friedrich ein, seine Stiefmutter Dorothea suche ihn zu vergiften, um ihre eigenen Söhne auf dem Thron zu sehen. Das war eine Verleumdung erster Güte, wurde aber noch lange kolportiert.

Der »schiefe Fritz« heiratete als junger Mann seine Kusine Elisabeth Henriette von Hessen-Kassel, die jedoch nach kurzer Zeit an den Pocken starb. Für den Fortgang der Geschichte bedeutend wurde seine zweite, 1684 geschlossene Ehe mit Sophie Charlotte von Braunschweig-Lüneburg (Hannover). Die stolze, hochgebildete Prinzessin aus dem Haus der Welfen sollte später einen Musenhof schaffen, an dem auch Leibniz verkehrte. Doch die selbstlose Liebe, die Friedrich bei seiner Kusine gefunden hatte, erhielt er in dieser aus Staatsräson arrangierten Verbindung nie. Von den gemeinsamen Kindern überlebte lediglich ein einziger Sohn, der zum Andenken an den Großen Kurfürsten Friedrich Wilhelm getauft wurde und der Nachwelt unter dem Spitznamen »Soldatenkönig« bekannt werden sollte.

1688 wurde der Kurprinz nach dem Tod des Vaters Markgraf Friedrich III. von Brandenburg. Seinen ehemaligen Lehrer Eberhard von Danckelmann bestellte er zum Geheimen Staatsrat und vertraute ihm wichtige Ämter an. Bald zeigte sich, dass Friedrich das Seine dazu beitragen wollte, sein Land zu vergrößern, zu stabilisieren und vor allem

Friedrich I. auf dem Thron
(1657-1713),
seit 1701 erster preußischer König;
Ölbild von A. Pesne, nach 1701

dessen Bedeutung zu unterstreichen. Der einst so Verachtete strebte nichts Geringeres an als den Königstitel für sich und seine Gemahlin.

Mit diesem Streben befand sich Friedrich keineswegs allein auf weiter Flur. Auch andere Herrscher wollten gar zu gern zu gekrönten Häuptern aufsteigen, beispielsweise in Baiern oder Württemberg (beiden sollte es erst rund 100 Jahre später mit Hilfe Napoleons gelingen). Im Heiligen Römischen Reich konnte es allerdings nur einen König geben, der mit dem Kaiser identisch war. Kurfürst Friedrich verfiel auf eine nicht allzu fernliegende Idee. Sein Herzogtum Preußen lag ja außerhalb des Reiches. Dennoch musste außer mit August dem Starken als dem polnischen König auch mit dem Kaiser verhandelt werden; denn was war der Königstitel wert, wenn sich der Kaiser nicht dazu verstand, ihn im Verkehr mit Friedrich zu gebrauchen? Und so musste sich dieser bei den in Wien geführten Unterhandlungen in einem »Krontraktat« dem Kaiser

Sophie Charlotte Königin in Preußen
(1668-1705)
geb. Prinzessin von Braunschweig-Lüneburg (Hannover);
Ölbild, um 1703

gegenüber damit einverstanden erklären, sich zum König in Preußen und nicht zum König von Preußen krönen zu lassen. Diese Bezeichnung war allerdings auch insofern zutreffend, als ja das sogenannte Preußen »königlichen Anteils« weiterhin unter der Oberhoheit des Königs von Polen verblieb und dies auch noch bis zu den polnischen Teilungen bleiben sollte. Die im Sejm repräsentierte Adelsrepublik erkannte die Rangerhöhung des Kurfürsten übrigens nicht an. Die Titelfrage war Friedrich einigermaßen gleichgültig, und er kümmerte sich wenig darum, dass sein neuer Titel anfangs belächelt und bespöttelt wurde. Es sollten Zeiten anbrechen, in denen niemand mehr über das preußische Königtum lachen würde.

Am 18.1.1701 wurde aus Friedrich III. von Brandenburg König Friedrich I. in Preußen, als der Kurfürst sich selbst und seine Gemahlin Sophie Charlotte in Königsberg krönte. Die Feierlichkeiten kosteten eine

Unmenge Geld. Doch für Friedrich war eine solche Zurschaustellung zugleich eine Machtdemonstration. In der Folge stürzte er sich für Prunk und Repräsentation in Unkosten und häufte dadurch einen immer größer werdenden Schuldenberg an. Auch Königin Sophie Charlottes künstlerische und wissenschaftliche Neigungen, die dem preußischen Hof im Ausland einen glänzenden Ruf der Kultiviertheit verschafften, trugen dazu bei. Auf ihr Drängen hin rief der königliche Gatte 1694 die Universität Halle ins Leben, wurde 1696 in Berlin die Akademie der Künste gegründet und vier Jahre später die Akademie der Wissenschaften, deren erster Präsident das Universalgenie Leibniz wurde.

Hassliebe unter Verwandten: **Der Soldatenkönig und seine Gemahlin**

Wie bereits erwähnt, überlebte ein einziger Sohn König Friedrichs I. die Kinderjahre. Der nach seinem Großvater, dem Großen Kurfürsten, benannte Friedrich Wilhelm kam am 14.8.1688 zur Welt. Schon sehr früh zeigten sich Eigensinn und Jähzorn des blonden, blauäugigen Knaben, der die hübschen Gesichtszüge seiner Mutter geerbt hatte. Sophie Charlotte gedachte den Thronfolger zu einem galanten, gebildeten und umgänglichen Menschen zu erziehen, der auf Kultur und Repräsentation mindestens soviel Wert legte wie sie selbst. Damit scheiterte sie grandios. Der Sohn zeigte kaum Interesse an musischen Dingen, die er großenteils für unnütz hielt.

Friedrich Wilhelm trug nur mit äußerstem Widerwillen die kostbaren Gewänder, in denen er wie ein Miniaturerwachsener wirkte; viel lieber waren ihm einfache Kleidung oder eine Uniform. Überhaupt richtete sich sein ganzes Interesse auf Militärisches und die Jagd, und er eignete sich daneben auch die ökonomischen Kenntnisse an, die er brauchte, um schuldenfrei wirtschaften und verwalten zu können. Den »Großen Plusmacher« sollte man ihn später anerkennend-spöttisch nennen.

In den ersten Kinderjahren weilte der Prinz lange am Hof seiner Großmutter mütterlicherseits, der Kurfürstin Sophie von Braunschweig-Lüneburg (oder auch: von Hannover), in Hannover. Dort traf er auf verwandte Spielgefährten, die in seinem Leben bedeutende Rollen spielen sollten: das Geschwisterpaar Georg und Sophie Dorothea, die Kinder seines Onkels Georg, der nicht nur Hannoveraner Kurfürst war, sondern auch als erster Welfe König von England werden sollte. Eine mittellose, aber hübsche weitläufige Verwandte war Caroline von Brandenburg-Ansbach, die schon früh ihre Eltern verloren hatte.

Friedrich Wilhelm machte sich unbeliebt, indem er seinen Vetter Georg des öfteren verprügelte. Jahrzehnte später, als beide Könige geworden waren, setzten sie ihre Streitigkeiten fort – dann allerdings mit diplomatischen Mitteln. Der junge Preußenprinz war von cholerischem Charakter; er neigte zu Wutausbrüchen und als Erwachsener zu Prügel-

Friedrich Wilhelm I.
(1688-1740)
König in Preußen;
Ölbild (Ausschnitt), um 1720/25

orgien, die Untertanen wie Familienangehörige gleichermaßen trafen. Einen »Grenzfall zum Psycho-Pathologischen« nennt ihn sein Biograph Hans-Joachim Neumann (1993). In neuerer Zeit hat man Friedrich Wilhelm als an Porphyrie erkrankt bezeichnet. Dabei handelt es sich um eine selten auftretende Erbkrankheit, die durch Stoffwechselstörungen Symptome wie Verfolgungswahn, Wutanfälle, Albträume, aber auch Schlaflosigkeit hervorruft und unheilbar ist. Durch Generationen sich immer weiter untereinander versippender Dynastien potenzierte sich die Anlage zur Porphyrie. Ein weiteres Opfer der traurigen Folgen von Verwandtenheiraten sollte der britische Herrscher Georg III. werden.

Klein-Friedrich Wilhelm schlug sich nicht nur mit seinem Cousin herum, er setzte seinen Willen auch auf andere unkonventionelle Weise durch. So drohte er einmal damit, sich aus einem Palastfenster zu stürzen, wenn man sich ihm widersetzen sollte. Ein andermal verschluckte er vor Ärger eine seiner kostbaren Schuhschnallen. Ein Abführmittel brachte diese wieder zum Vorschein. Bis 1945 war die Schnalle im Hohenzollern-Museum Schloss Monbijou öffentlich ausgestellt.

Zugleich war Friedrich Wilhelm aber lebenslang von naiver Frömmigkeit, im strengen und nüchternen calvinistischen (reformierten) Glauben erzogen. Er litt darunter, dass er als Christ in puncto Selbstbeherrschung immer wieder versagte. Gegenüber Gotthilf August Francke, dem Sohn des berühmten Stifters des Halleschen Waisenhauses, bemerkte er einmal: »Ja, meine Krankheit kenne ich so wohl als einer: ich bin ein böser Mensch und wenn ich einen Tag gut bin, so bin ich doch hernach gleich wieder böse. Das weiß ich wohl und Ihr alle, aber ich kann nicht anders werden.« Offensichtlich glaubte Friedrich Wilhelm, man könne alles, auch die eigenen Gefühlsregungen, durch den Willen beherrschen, wenn man sich nur genug anstrengte. Mit dieser Einstellung verlangte er später von seinen Kindern, wildfremden Partnern, mit denen sie der Staatsräson zuliebe verheiratet wurden, nach der Hochzeit Liebe entgegenzubringen. Mit sich selbst ging er schließlich auch nicht anders um: Friedrich Wilhelm war einer der wenigen Fürsten seiner Zeit, der nie eine Mätresse am Hof installierte. Und als er die Frau, die er gerne zur Gattin gehabt hätte, nicht bekam, blieb er derjenigen treu, die als Ersatz einsprang: seiner Kusine Sophie Dorothea (1687-1757).

Sophie Dorothea von Hannover (1687-1757) Königin in Preußen ab 1713; Ölbild von F. W. Weidemann, um 1710

Es ärgerte den jungen Preußenprinzen, dass die Gefährtin aus Kindertagen, Caroline von Brandenburg-Ansbach, sich ausgerechnet dem von ihm verachteten Vetter Georg zugewandt hatte, der allerdings eine großartige Partie darstellte. Er würde seinem Vater als Kurfürst von Hannover nachfolgen und zugleich als König Georg II. über Großbritannien regieren. Doch er selbst hatte ja auch eine Krone zu bieten, wenn diese auch erst ganz neu etabliert worden war und von vielen anderen Herrschern nicht ganz ernst genommen wurde.

Der 18-jährige Friedrich Wilhelm, der sich durch unmäßiges Essen, Trinken und Rauchen etliche Gesundheitsprobleme einhandeln sollte, wog bei einer Größe von 1,65 m bereits fast zwei Zentner. Rotgesichtig, dickbäuchig und kurzatmig war er sicher kein Adonis. Sein Vater,

Friedrich Wilhelm I. König in Preußen; Ölbild von G.W. von Knobelsdorff, um 1737

Friedrich I. in Preußen, verlangte allerdings eine standesgemäße Eheschließung, und zwar so schnell wie möglich. Denn Friedrich Wilhelm war der einzige Erbe, und das Königreich Preußen sollte nicht mit seinem Tod schon wieder untergehen. Die alte Kurfürstin Sophie arbeitete schließlich erfolgreich daran, eine weitere Enkelin unter die Haube zu bringen: Sophie Dorothea, Friedrich Wilhelms Kusine, die er zwar auch schon von Kindesbeinen an kannte, die ihm aber nie als sonderlich attraktiv aufgefallen war.

Sophie Dorothea war von der Großmutter aufgezogen worden, nachdem man ihr im Alter von sieben Jahren die Mutter genommen hatte, nach der sie benannt war. Sophie Dorothea die Ältere war als einzige Erbin des Herzogtums Celle gegen ihren Willen mit ihrem Hannoveraner Vetter Georg verheiratet worden, da die Verwandten diese einmalige Chance zur Vergrößerung ihres Herrschaftsgebietes nutzen wollten. Die Ehe war von Beginn an unglücklich. Und während Georg sich mit Mätressen tröstete, gestand man der betrogenen Gemahlin dasselbe Recht auf Glück natürlich nicht zu, denn auf Thronen sollten möglichst keine Kuckuckskinder sitzen. Sophie Dorothea kehrte sich nicht daran und begann heimlich ein Verhältnis mit dem schwedischen Grafen Königsmarck, einem Berufsoffizier. Als das Paar schließlich miteinander durchbrennen wollte, wurde zu harten Maßnahmen gegriffen. Bei Nacht und Nebel ermordeten vier – fürstlich dafür bezahlte – Höflinge Graf Königsmarck und ließen dessen Leiche spurlos verschwinden. Prinzessin Sophie Dorothea wurde zwangsgeschieden und für den Rest ihres Lebens auf der Wasserburg Ahlden festgesetzt, wo sie noch 32 Jahre ausharren musste, bis der Tod sie erlöste. Ihre beiden Kinder durfte sie nie mehr wiedersehen.

Sophie Dorothea von Hannover, Königin in Preußen; Ölbild, um 1730

War dieses Schicksal ihrer Mutter für Sophie Dorothea die Jüngere schon ein furchtbarer Makel, so kam noch hinzu, dass über deren Abkunft in hochadligen Kreisen gespottet wurde. Der letzte Herzog von Celle, Georg Wilhelm, war nämlich seinem Herzen gefolgt und hatte eine Dame aus französischem Landadel geehelicht, die als Hugenottin die Heimat hatte verlassen müssen. Eléonore d'Olbreuse galt nach den Regeln der Zeit als »nicht standesgemäß«, weswegen ihre einzige Tochter sich verächtlichen Blicken seitens der Schwiegermutter ausgesetzt sah und in deren Briefwechsel als »Mausdreck im Pfeffer« beleidigt wurde. Es mag durchaus sein, dass Sophie Dorothea die Jüngere durch dieses Trauma einen besonderen Hochmut entwickelte, was ihre Stellung anging.

Sie gab schließlich dem fast gleichaltrigen preußischen Vetter am 28.11.1706 ihr Jawort. Zu jener Zeit war die 19-jährige noch ein schlankes Mädchen mit prächtigem, langem Blondhaar und angenehmen Gesichtszügen, die allerdings von Pockennarben durchzogen waren (was wiederzugeben sich kein Maler getraute). Eine Verwandte, die Raugräfin Luise von der Pfalz, redete ihr törichterweise ein, es sei unschicklich, in den eigenen Ehemann verliebt zu sein und dies auch noch zu zeigen. So stellte der frischvermählte Friedrich Wilhelm erst erstaunt, dann erzürnt fest, dass seine junge Frau sich ihm gegenüber recht kühl verhielt, in Gegenwart anderer Herren aber gelöst und heiter. Zum erstenmal brach

Schloss Monbijou, Berliner Sommersitz von Königin Sophie Dorothea; Ölbild von D. Degen, um 1740

sich etwas Bahn, was sein Eheleben noch auf Jahrzehnte hinaus vergiften sollte: heftige, aber vollkommen unbegründete Eifersucht, dazu Jähzorn bis hin zur Gewalttätigkeit. Eine Woche nach der Hochzeit drang der Kronprinz mit Dienern in das Ankleidezimmer Sophie Dorotheas ein und ließ ihr aus Rache wegen angeblicher Zurückweisung ihre herrlichen langen Haare abschneiden. Es nützte auch nichts, dass die Gedemütigte gebetsmühlenartig in Briefen wiederholte, ihn und nur ihn auf ewig zu lieben – ein solch schlechter Menschenkenner war Friedrich Wilhelm nun auch nicht, dass er ihr dies abgenommen hätte. Die beiden waren zu verschieden, um einander ergänzen zu können. Sie: gebildet, belesen, musisch interessiert, höflich und von guten Umgangsformen, der Mode, dem Prunk und der Repräsentation zugetan. Er: ziemlich kulturlos, voller Verachtung für Intellektuelle, persönlich einfach und anspruchslos lebend, polternd und jähzornig, militär- und jagdbesessen. In einer nervenaufreibenden Hassliebe sollten »Fiekchen« und »Wilcke« – so nannten sie einander – bis ans Ende ihrer Tage miteinander verbunden bleiben.

Dass Friedrich Wilhelm das Mätressenwesen ablehnte und als frommer Christ seiner Gemahlin treu zu bleiben gedachte, stand fest. Doch auch er war Versuchungen ausgesetzt, von denen seine älteste Tochter Wilhelmine in ihren Memoiren erzählt. Um 1730 verliebte sich Friedrich Wilhelm, inzwischen bereits Herrscher über Preußen, in eine Hofdame seiner Gemahlin, Anna Helene von Pannwitz. Da diese auf seine plumpen Avancen nicht einging, nahm er sich einfach, wovon er glaubte, dass es ihm zustehe. Als er der hübschen Frau, die fast 20 Jahre jünger war als er, auf einer Treppe begegnete, würgte er sie mit der einen Hand am Hals, mit der anderen grapschte der König an Frau von Pannwitz' Busen. Sie wusste sich allerdings zu helfen und verpasste Friedrich Wilhelm eine solche Ohrfeige, dass er Nasenbluten bekam. Von da an nannte der Soldatenkönig die schlagkräftige Dame nur noch »die böse alte Hexe«.

So musste er wohl oder übel weiter mit seiner Gemahlin schlafen, auch wenn es dabei zunehmend Schwierigkeiten gab. Denn »Fiekchen« und »Wilcke« wurden beide mit der Zeit unglaublich dick. Sie sollten zusammen vierzehn Kinder bekommen: sieben Töchter und sieben Söhne. Nicht alle davon sollten das Erwachsenenalter erreichen, einige aber später überall von sich reden machen.

Friedrich Ludwig
(*23.11.1707 - † 13.5.1708)

Großer Jubel herrschte überall im Land, als Kronprinzessin Sophie Dorothea fast auf den Tag genau ein Jahr nach der Hochzeit einen Sohn zur Welt gebracht hatte. König Friedrich I. war so stolz, dass er der Großmutter seiner 20-jährigen Schwiegertochter einen ausgelassen-lustigen Brief schrieb. Sophie Dorothea nutzte die Gunst der Stunde und erbat von dem frischgebackenen Großvater die Begnadigung des ehemaligen Ministers Eberhard von Danckelmann, die der König in seiner Euphorie auch gewährte.

Danckelmann, der seine Karriere am preußischen Hof als persönlicher Erzieher des späteren Königs Friedrich I. begonnen hatte und, zum Reichsfreiherrn erhoben, als Oberpräsident (= Premierminister) zu bedeutender Stellung gelangt war, war auf Betreiben einer Gruppe von Feinden 1697 gestürzt und vor Gericht gestellt worden. Sein Verhängnis war, dass er gegen die welfenfreundliche Politik der Königin Sophie Charlotte opponiert hatte. Und obgleich man ihn in allen wesentlichen Anklagepunkten freigesprochen hatte, war Danckelmann auf persönliche Anordnung seines ehemaligen Schülers (der wohl einige Rechnungen aus seiner freudlosen Jugend zu begleichen hatte) auf der brandenburgischen Festung Peitz interniert worden. Fast zehn Jahre hatte der seiner Reichtümer Beraubte dort zugebracht, als sich die Kronprinzessin für ihn einsetzte. Da Sophie Dorothea selbst der Welfendynastie entstammte, war dies äußerst großherzig gehandelt, doch wusste sie ihren Gemahl in diesem Punkt unverrückbar an ihrer Seite. Friedrich Wilhelm sollte nach seiner eigenen Thronbesteigung den alten Reichsfreiherrn ehrenvoll als Ratgeber an den Hof zurückholen.

So wurde Prinz Friedrich Ludwig unwissentlich schon durch seine bloße Existenz in den ersten Lebenstagen zum Wohltäter. Natürlich erhielt er in einem prachtvoll begangenen Tauffest den Namen seines königlichen Großvaters, der ihn noch dazu mit dem Titel »Prinz von Oranien« auszeichnete.

Nichts deutete auf eine Trübung dieser Freude, als »Wilcke« und »Fiekchen« im Mai 1708 eine dreiwöchige Reise zur welfischen Ver-

Friedrich Ludwig;
Wachsfigur von C. C. Dubut, um 1708

wandtschaft nach Hannover antraten. Der noch nicht ein halbes Jahr alte Junge sollte den Strapazen in ungefederten Kutschen auf schlammigen Wegen nicht ausgesetzt werden und blieb daher in der Obhut seiner Amme in Berlin zurück. Wie die meisten Frauen von Rang stillte die Kronprinzessin ihr Kind nicht selbst.

Doch welch ein Schock, als das junge Ehepaar am 27. Mai zurückkehrte: da war der kleine Friedrich schon seit zwei Wochen tot. Den Durchbruch seiner ersten Zähne hatte das fast sechs Monate alte Kind nicht überlebt. Die Todesursache, die übrigens noch bis in die ersten Jahrzehnte des 20. Jahrhunderts in der westlichen Welt ihre Opfer fordern sollte: Fieberkrämpfe beim Zahnen.

Friedrich Ludwig wurde in der Hohenzollerngruft des Doms zu Berlin beigesetzt. Der berühmte Bildhauer Andreas Schlüter schuf einen herrlichen Sarkophag für den Jungen, auf dem für kurze Zeit die Hoffnungen eines ganzen Landes geruht hatten. Obenauf befindet sich eine Darstellung des Kleinen, der sich in halb liegender Position aufstützt – was ebenso künstlerischer Freiheit entsprang wie der dichte, in Locken auslaufende Haarschopf, der bei einem halbjährigen Baby in dieser Form noch nicht der Wirklichkeit entsprechen kann.

Bis zum Ende des Zweiten Weltkriegs bewahrte das Hohenzollern-Museum in Schloss Monbijou eine lebensgroße, äußerst realistisch wirkende Wachsfigur des Verstorbenen auf, die Sophie Dorothea bei dem französischen Künstler Charles Claude Dubut (1657-1742) in Auftrag gegeben hatte. Das Abbild des Kindes war mit Gewändern aus dessen Besitz bekleidet und befand sich bis 1743 in den persönlichen Gemächern Sophie Dorotheas. Die Königinwitwe übergab es schließlich der Königlichen Kunstkammer im Berliner Schloss. Lange galt der Wachsbossierer Wilhelm Kolm als Schöpfer des Werkes (als solcher wird er auch im Bestandskatalog des Museums in Monbijou genannt), doch hat Carsten Dilba 2015 nachweisen können, dass diese Zuschreibung nicht mehr haltbar ist. Der schon erwähnte Bildhauer Dubut stellte nämlich Sophie Dorothea im Jahr 1712 eine Rechnung für die Anfertigung der lebensgroßen Wachsfigur ihres verstorbenen Sohnes aus, was im Ausgabenbuch der Fürstin vermerkt war.

Ein weiteres Zeugnis der Existenz Friedrich Ludwigs ist ein Gemälde, das dem Hofmaler Friedrich Wilhelm Weidemann (1668-1750) zugeschrieben wird und sich im Neuen Palais zu Potsdam befindet. Es stellt den nackten Prinzen auf einem Kissen dar, mit der Schärpe eines ihm umgehängten Ordens spielend, daneben ein Soldatenhelm.

König Friedrich I. aber verzweifelte schier. Seine junge Schwiegertochter, gebeutelt von der schwierigen Beziehung zu ihrem Gemahl und völlig schockiert durch den Tod ihres Kindes, wurde depressiv und magerte rapide ab. Sogleich nutzten das die Feinde des Hauses Hannover und redeten mit Unterstützung der Hofärzte dem Herrscher ein, Sophie Dorothea werde vermutlich nie wieder schwanger werden. Am besten sei wohl, er heirate auf seine alten Tage selbst noch einmal und sorge für weiteren Nachwuchs. Kronprinz Friedrich Wilhelm rieten sie, er möge doch die stolze Welfenprinzessin in die Wüste schicken und sich eine andere Partnerin suchen.

Wilhelmine Friederike Sophie

(*3.7.1709 - †14.10.1758)

König Friedrich I. folgte zumindest in einem Punkt den Winken seiner Ratgeber. Genau am zweiten Hochzeitstag seines einzigen Sohnes, am 28.11.1708, heiratete der 51-Jährige die 23-jährige Sophie Luise von Mecklenburg-Schwerin-Grabow. Aus dem Plan, weitere Prinzen in die Welt zu setzen, wurde allerdings nichts. Die junge Königin entpuppte sich als geisteskrank, verfiel nach kurzer Zeit einem religiösen Wahn und wurde im Januar 1713 vom Hof entfernt. In Perwenitz konnte sie in Ruhe leben, weitab von allen Intrigen. Doch als ihr Stiefsohn Friedrich Wilhelm König geworden war und sein eisernes Sparprogramm durchzog, wurde die kranke Königinwitwe 1715 zu ihren Verwandten heimgeschickt. Dort verdämmerte sie noch 20 Jahre, bis der Tod sie erlöste.

Kronprinzessin Sophie Dorothea hingegen erholte sich allmählich wieder und wurde im Spätherbst 1708 erneut schwanger. Natürlich hoffte man auf einen weiteren Sohn – und zeigte sich enttäuscht, als am 3.7.1709 »nur« ein Mädchen zur Welt kam. Doch bald schon richtete sich der ganze Ehrgeiz der Mutter darauf, für die Tochter eine »angemessene« Stellung anzustreben. Und damit konnte ja nicht früh genug begonnen werden. Die Wahl der Taufpaten bestätigte es: die Könige von Preußen, Polen und Dänemark hielten die Kleine über das Becken. Von nun an war es Sophie Dorotheas Traum, Wilhelmine mit ihrem britischen Vetter zu vermählen. Da Vater und Bruder der Welfenprinzessin Könige von England waren, hoffte sie, durch Heirat innerhalb der Verwandtschaft auch Wilhelmine eine Krone zu verschaffen. Schon die Porträts des Kleinkindes zeigen ganz deutlich, wer oder was da in Szene gesetzt wird: eine künftige Königin.

Kurz nach ihrem ersten Geburtstag bekam die Prinzessin einen Bruder. Doch der kleine Friedrich Wilhelm teilte das Schicksal des erstgeborenen Kronprinzen. Er starb, nicht ganz ein Jahr alt, an Fieberkrämpfen, hervorgerufen durch das Zahnen. Ein weiterer schrecklicher Schlag für die junge Mutter Sophie Dorothea, die immerhin einen ge-

Wilhelmine;
Ölbild von F. W. Weidemann, um 1715

wissen Trost darin fand, dass sie schon wieder guter Hoffnung war. Und diesmal sollte sie Glück haben.

Am 24.1.1712 kam der spätere Beherrscher Preußens zur Welt, schon der dritte Sohn seiner Eltern, aber der erste, der die Kinderjahre überleben und das Erwachsenenalter erreichen sollte. Er wurde – wie auch sein Großvater – ausschließlich Friedrich getauft, ohne weitere Vornamen. Prinzessin Wilhelmine reagierte keineswegs eifersüchtig auf den Neuankömmling, sondern liebte den Bruder, der in der Familie Fritz genannt wurde, von ganzem Herzen. Die beiden sollten in ihrer Jugend einander Halt geben und ein Leben lang eng verbunden bleiben.

Eine der frühesten bewussten Erinnerungen Wilhelmines war der Tod des geliebten Großvaters, der sie und Fritz nach Kräften verhätschelt hatte. Er ließ die beiden Kinder ans Sterbebett rufen, als er 1713 mit nur 55 Jahren das Zeitliche segnete. Friedrich I. wurde zunächst noch mit allem Pomp beigesetzt, an dem er es zu Lebzeiten nicht hatte fehlen lassen, doch danach war Sparen angesagt. Schon mit seinem Thronnamen hatte Friedrich Wilhelm I. klargestellt, dass er eigene Wege gehen wollte: Anfänglich hatte man geglaubt, er werde als Friedrich II. Preußens Thron besteigen. Dieses Ansinnen lehnte der 24-Jährige aber ab und machte als König sogleich wahr, was er sich schon als Kronprinz vorgenommen hatte: die Schulden des Vaters zu tilgen, eine funktionierende Verwaltung zu schaffen und ein schlagkräftiges Heer aufzubauen. Zu jenem Zeitpunkt lebten in den preußischen Territorien etwa 1.600.000 Menschen.

Seinen Spitznamen »Soldatenkönig« verdankte Friedrich Wilhelm I. der Tatsache, dass er einem ungezügelten Militarismus frönte und als persönliches Steckenpferd ein Regiment mit sehr groß gewachsenen Männern zusammenstellte. Diese wurden vor allem in der Infanterie eingesetzt, wo sie mit ihren langen Armen die damals üblichen, recht großen Vorderladergewehre bedienen sollten. Es blieb jedoch beim Drillen und Exerzieren, denn Friedrich Wilhelm I. führte zeitlebens keinen Krieg, weswegen seine »langen Kerls« auch nie zum Einsatz kamen. In Potsdam, einer der Hauptresidenzen des Herrschers, war um 1730 jeder dritte Einwohner Soldat. Kasernen gab es noch nicht, weshalb die Soldaten in den Häusern der Bürger einquartiert wurden, wo sie eigene Stuben bewohnten oder im günstigen Fall selbst ein Haus besaßen. Am Ende seiner Regierung verfügte Friedrich Wilhelm I. schließlich über ein stehendes Heer von insgesamt 80.000 Mann.

Viele Hofleute verloren unter Friedrich Wilhelm I. ihre Ämter und Pfründe, Künstler und Intellektuelle verließen Preußen in Scharen. Königin Sophie Dorothea sah sich immer mehr um ein Leben als stolze Repräsentantin ihrer Dynastie betrogen. Immerhin erhielt sie 1712 als Sommersitz das Schloss Monbijou (Berlin-Mitte) zugewiesen, in dem sie sich nach eigenem Geschmack einrichten konnte. Doch ansonsten ging es bei Hofe beinahe bürgerlich-bieder zu. Zu den Mahlzeiten wurde häufig deftige Hausmannskost aufgetischt. Die Freizeit verbrachte die Familie meist auf einem der kunstlos eingerichteten Jagdschlösser, wo Friedrich Wilhelm auf die Pirsch gehen konnte. Abends pflegte der Herrscher sich mit trinkfesten Kumpanen im sogenannten Tabakskollegium zu treffen, wo man bis vier Uhr früh derbe Herrenwitze zum besten gab, sich zunehmend berauschte und ein Pfeifchen nach dem anderen rauchte. All das sollte Prinzessin Wilhelmine später anschaulich in ihren Memoiren beschreiben.

Im Frühjahr 1714 ernannte König Friedrich Wilhelm seine eigene ehemalige Erzieherin zur obersten Gouvernante aller seiner Kinder. Es handelte sich um Marthe de Rocoule du Val, verwitwete du Maz de Montbail (1659-1741). Die warmherzige Hugenottin, die um ihres Glaubens willen aus ihrer Heimat Frankreich hatte fliehen müssen, blieb Wilhelmine, vor allem jedoch deren »kleinem« Bruder Friedrich stets verbunden.

»So Unglück bringende Linien sah ich nie zuvor!« rief ein Wahrsager und Astrologe erschrocken aus, als er in die Hand der sechsjährigen Wilhelmine schaute. Als Erwachsene erinnerte diese sich an die Begebenheit und schilderte sie in ihren Erinnerungen, denn offenbar hatte der Mann nachhaltigen Eindruck am Hof hinterlassen: Alle seine Prophezeiungen gingen tatsächlich in Erfüllung. Es handelte sich bei ihm um einen kriegsgefangenen schwedischen Offizier namens Cron, den die damals schwangere Königin eigens wegen seiner esoterischen Fähigkeiten zu sich bestellt hatte. Er sagte ihr die Geburt einer weiteren Tochter voraus – Charlotte kam einige Monate danach zur Welt. Über den kleinen Friedrich meinte Cron, er werde einer der bedeutendsten Fürsten seiner Zeit werden und werde viele Eroberungen machen. Wilhelmines Leben dagegen, so sagte der Handleser kopfschüttelnd, zeige sich ihm als eine Kette widriger Schicksale; sie werde später von vier Königen begehrt werden, aber keinen davon heiraten. Auch das traf ein. Es war zumindest mutig von einem Kriegsgefangenen, derart negative Prophezeiungen von sich zu geben, statt der ehrgeizigen Sophie Dorothea, die aus ihrer Tochter die Gemahlin eines Herrschers machen wollte, nach dem Munde zu reden. Und die Geburt eines weiteren Mädchens bedeutete eher ein Ärgernis für sie denn eine willkommene Freude.

Das Leben am Hof erwies sich für Wilhelmine keinesfalls als Zuckerschlecken. Die Prinzessin wurde immer öfter Zeugin schrecklicher Szenen, wenn die Eltern sich stritten. Oft ging es um die englische Verwandtschaft seiner Frau, die dem Soldatenkönig suspekt war – er hielt es außenpolitisch lieber mit dem Kaiser in Wien, der heimlich einige der preußischen Ratgeber über lange Jahre mit Bestechungsgeldern versorgen ließ. Noch öfter jedoch war Bruder Fritz der Anlass des Zanks, weil dieser mit seiner stillen Art, den künstlerischen Neigungen und der Verachtung alles Militärischen den Vater herausforderte.

Friedrich Wilhelm demütigte seinen Sohn auf jede erdenkliche Weise und schlug ihn sogar mehrfach vor den Augen entsetzter Höflinge blutig. Bei der Mutter fand Fritz wenig Hilfe. »Sie hat nie eines ihrer Kinder geliebt«, bemerkte Wilhelmine in ihren Memoiren. »Sie nahm nur insofern teil an ihnen, als sie zum Werkzeug ihrer Größe und ihres Eigennutzes dienen konnten.« So blieb die etwas ältere Schwester der einzige Mensch, dem der Thronfolger rückhaltlos vertrauen konnte.

Wilhelmine entpuppte sich als äußerst begabt. Schon sehr früh hatte das wissbegierige Mädchen Lesen und Schreiben gelernt und sprach als Kind bereits fließend französisch. Sie war fleißig und sanftmütig – und wurde dennoch über Jahre hinweg fürchterlich misshandelt.

Dass Fürstenkinder acht bis zehn Stunden am Tag zu lernen hatten und dass sie schon bei kleinen Verfehlungen mit dem Stock verprügelt wurden, das war auch an anderen Höfen Alltag. Wilhelmine bekam jedoch mit drei Jahren eine Erzieherin namens Leti, die als Tochter eines Flüchtlings aus Italien sich selbst früh hatte durchbeißen müssen. Sie entstammte als eines von fünf Kindern der Ehe des skandalumwitterten Historikers und Satirikers Gregorio Leti (1630-1701) mit der wesentlich jüngeren Arzttochter Marie Guérin aus Lausanne. Um sie heiraten zu können, war der Jesuitenzögling Leti, Neffe eines katholischen Bischofs, 1659 zum Calvinismus übergetreten. Es begannen unruhige Jahre für die sich vergrößernde Familie, da der Vater wegen seiner anstößigen Schriften erst aus der Schweiz, dann aus England ausgewiesen wurde, bevor die Niederlande zur endgültigen Heimat wurden.

Frau Leti, mit der selbst nie zimperlich umgegangen worden war, suchte sich am preußischen Hof einen eigenen Anteil an Macht und

Bedeutung zu sichern und sich für frühere Missachtung schadlos zu halten. Völlig unempfindlich gegenüber kindlichen Bedürfnissen, mischte die Erzieherin munter in den höfischen Intrigen mit, benutzte dabei ihren nichtsahnenden Zögling zum Aushorchen der Gegenpartei und ließ ihren ganzen Frust in Form von physischen Misshandlungen an dem Mädchen aus. Sie schlug Wilhelmine und warf sie die Treppe hinunter, einmal schleuderte sie ihr einen Kerzenleuchter an den Kopf. Niemand wagte es, die Eltern darüber zu informieren, einschließlich der Misshandelten selbst. Möglicherweise fiel diesen dennoch etwas auf, auch wenn sie ihre Kinder nur zu festgesetzten Zeiten zu Gesicht bekamen, doch physische Gewalt gehörte damals für alle Menschen zum Leben, erst recht bei der Kindererziehung. Auf jeden Fall geschah nichts, um Wilhelmine zu helfen.

Diese wurde mit den Jahren immer kränklicher, möglicherweise auch durch einseitige Ernährung. Auf die mit kaum zurückgehaltenem Zorn gestellte Frage ihres Vaters, was denn bei Tische fehle, erwiderte die Prinzessin tapfer: »Es fehlt daran, dass man nicht satt wird und dass das Wenige nur aus schweren Gemüsen besteht, die wir nicht vertragen können.« Woraufhin natürlich die nächste Prügelattacke Friedrich Wilhelms erfolgte.

Erst kurz vor ihrem 12. Geburtstag wurde Wilhelmine von ihrem »Erzieherinnendrachen« befreit und erhielt als neue Gouvernante Dorothea Luise von Wittenhorst-Sonsfeld. Die sanftmütige Frau war das genaue Gegenteil der Vorgängerin und sollte ihr ganzes Leben lang ihrem Zögling verbunden bleiben. Als Wilhelmine später nach Bayreuth heiratete, ging »Sonsine« – so der liebevolle Spitzname – mit nach Franken, ebenso ihre Schwester Flora. Sie blieben für die Prinzessin lebenslang ein Stück Heimat in der Fremde.

Die Jahre gingen dahin, ohne dass Königin Sophie Dorothea der Verwirklichung ihrer hochfliegenden Pläne nähergekommen war. Jetzt schwebte ihr gar eine Doppelhochzeit vor: Wilhelmine sollte den englischen Thronfolger Frederick, ihr Bruder Friedrich dessen Schwester Amelia ehelichen. Doch am englischen Hof gab es auch antipreußisch eingestellte Leute, die über Wilhelmine nachteilige Gerüchte verbreiteten, beispielsweise, sie habe einen Buckel und könne auch nicht tanzen.

Deshalb musste sich die Prinzessin als 13-Jährige in Gegenwart ihrer Mutter vor einer englischen Delegation entkleiden und wie auf einem Pferdemarkt vorführen lassen. In ihren Erinnerungen hält Wilhelmine fest: »Ich musste mich vor ihnen ausziehen und ihnen meinen Rücken zeigen, um zu beweisen, dass ich nicht buckelig sei. Ich war sehr erbost über all dies!« Ein Jahr später geschah Ähnliches, als sogar der englische König selbst auftauchte, um seine Enkelin zu inspizieren. Er nahm eine Kerze und musterte Wilhelmine von Kopf bis Fuß. Sie musste dem Großvater vortanzen, und er prüfte ihre Englischkenntnisse – alles zu seiner vollen Zufriedenheit. Zur Belohnung wurde ein Dokument abgefasst, das die von Sophie Dorothea gewünschte preußisch-englische Doppelverlobung bestätigte.

Dies jedoch passte nicht in die Bestrebungen der Habsburger, die das Unternehmen schon bald torpedierten. Der kaiserliche Gesandte Friedrich Heinrich von Seckendorff (1673-1763) und der vom Kaiser bestochene preußische Minister Friedrich Wilhelm von Grumbkow (1678-1739) waren die Köpfe und Hauptdrahtzieher der gegen England arbeitenden Partei. Als Wilhelmines englischer Großvater 1727 gestorben war und ihr Onkel als Georg II. britischer König wurde, schlug die Stimmung immer mehr um, und der Soldatenkönig erwog nunmehr andere Eheprojekte für seine beiden Ältesten.

Zum Entsetzen der nun 18-jährigen Wilhelmine schlug der Vater August den Starken vor, König von Polen und Kurfürst von Sachsen. Der 47-jährige war bereits gesundheitlich angeschlagen und machte einen abgelebten Eindruck. Ebenso abgeneigt war die Prinzessin, als der Herzog Johann Adolf von Sachsen-Weißenfels am Berliner Hof vorsprach: ein kleiner, dicker und dem Alkohol zugetaner Witwer von 43 Jahren. Als drittes Schreckgespenst führte der Vater einen Verwandten ins Feld, den wegen seiner unangenehmen Eigenschaften keiner leiden mochte: den fürchterlich ungezogenen Vetter aus Schwedt, den Markgrafen Friedrich Wilhelm. An Wilhelmine sollte der Kelch einer Verbindung mit diesem Herrn vorübergehen, doch eine ihrer jüngeren Schwestern musste sich schließlich seiner erbarmen (s. Kapitel Sophie).

Eigentlich hätte Wilhelmine als die Älteste unter den Schwestern als Erste vermählt werden sollen. Doch die knapp 15-jährige Friederike

Luise lief ihr schadenfroh den Rang ab, als sie 1729 den Markgrafen von Ansbach heiratete. Nach den Maßstäben der Zeit drohte Wilhelmine ein »spätes Mädchen« zu werden – da ereignete sich im Herbst 1730 eine Katastrophe, die für ihr weiteres Schicksal als Katalysator diente. Der ewigen Misshandlungen und Zurücksetzungen durch den Vater überdrüssig, versuchte Kronprinz Friedrich eine dilettantisch vorbereitete Flucht ins Ausland und wurde deswegen in der Festung Küstrin gefangengesetzt. Sein Freund und Helfer Hans Hermann von Katte verlor auf persönlichen Befehl des Soldatenkönigs sogar den Kopf, wobei Friedrich gezwungen wurde, der Hinrichtung zuzusehen. Der erzürnte Vater vermutete nicht zu Unrecht, dass Wilhelmine in die Fluchtpläne eingeweiht gewesen sei, auch wenn sie rasch sämtliche Beweise vernichtet hatte. Erneut misshandelte er die Tochter physisch und machte ihr klar, dass sie es in der Hand habe, das Los des gefangenen Bruders zum Besseren zu wenden. Sobald sie in eine vom Vater arrangierte Heirat eingewilligt habe, werde Friedrich freikommen.

Der vom Soldatenkönig Auserwählte hieß ebenfalls Friedrich und war der Erbprinz des Markgrafentums Brandenburg-Bayreuth, also ein weitläufiger Verwandter aus einer hohenzollernschen Nebenlinie. Der am 10.5.1711 Geborene – und damit zwei Jahre Jüngere als seine Braut – traf Ende Mai 1731 in Berlin ein. Zu ihrer grenzenlosen Erleichterung fand Wilhelmine den Prinzen sehr sympathisch. Zwar bedeutete eine Eheschließung mit ihm für die Königstochter den gesellschaftlichen Abstieg, doch dahinter steckte die Idee des Soldatenkönigs, möglichst viele der kleinen Fürstentümer rund um Preußen einzubinden und von sich abhängig zu machen. Friedrich Wilhelm I. drohte Wilhelmine an, wenn sie die Zustimmung zu dieser Verbindung nicht geben sollte, wolle er ihre geliebte Hofmeisterin, die schon erwähnte Dorothea von Sonsfeld, auspeitschen und zur Zwangsarbeit in Spandauer Spinnhaus bringen lassen.

Die Prinzessin willigte also in eine Verlobung ein, brachte damit aber ihre törichte Mutter gegen sich auf. »Ich erkenne Sie nicht länger als meine Tochter an und sehe von nun an in Ihnen meine ärgste Feindin«, schrieb ihr Sophie Dorothea. »Ich schwöre Ihnen ewigen Hass und werde Ihnen niemals verzeihen.« Trotzdem fand am 1.6.1731 die Ver-

Wilhelmine;
Ölbild von A. Pesne, um 1735

lobung statt, und es geschah ein kleines Wunder: Wilhelmine und Friedrich von Bayreuth verliebten sich schließlich ineinander. Die Hochzeit folgte bereits am 20.11.1731 – und als schönstes Geschenk empfand die Braut, dass Bruder Fritz aus diesem Anlass endlich wieder bei Hofe erscheinen durfte. Anfang 1732 fuhr das junge Bayreuther Paar dann gemeinsam in seine Residenz – bereits in dem Bewusstsein, später im Jahr Eltern zu werden. Während der Reise sah Wilhelmine, die nie aus Berlin/Brandenburg hinausgekommen war, zum ersten Mal Landschaften wie Mittelgebirge oder kleine süddeutsche Städte. In Bayreuth angekommen, fiel sie angesichts ihrer neuen Lebensumstände aus allen Wolken.

Die von Wilhelmine in ihren Memoiren geschilderten Ereignisse und Personen werden hier jedoch recht einseitig wiedergegeben. Sie macht

Markgraf Friedrich von Brandenburg-Bayreuth; Ölbild von F. Pavona, um 1748

sich dabei lustig über einheimische Würdenträger, deren fränkischen Dialekt sie nicht versteht, schaut mit der Arroganz einer Königstochter auf Zustände, die naturgemäß nicht ebenso prunkvoll sein konnten wie daheim, und hat für ihren Schwiegervater, den damals 43-jährigen Markgrafen Georg Friedrich Karl, nur Verachtung übrig. Sie beschreibt ihn als geizigen Trunkenbold, der das junge Paar in demütigender Abhängigkeit halte und manchmal mit einem Stock auf den erwachsenen Sohn losgehe.

Tatsächlich jedoch war Markgraf Georg ein sparsamer und bei den Untertanen beliebter Fürst, dem die öffentliche Wohlfahrt am Herzen lag. Um die von seinen Vorgängern geerbten Schulden abzutragen, hielt er sich an eine eiserne Sparpolitik und verschleuderte nichts für unangemessenen Aufwand. Stattdessen hatte Georg seine Hofbibliothek der

Öffentlichkeit zugänglich gemacht, ein Waisenhaus bauen lassen und viele weitere soziale Einrichtungen gefördert. Als frommer Pietist unterstützte er auch die Kirche nach Kräften.

Eine Weile lebten noch zwei Schwestern des Erbprinzen am Hof, die der angeheirateten Preußin Wilhelmine alsbald das Dasein vergällen sollten: die eine mit ihrer an Debilität grenzenden Einfalt, die andere mit Falschheit und Intrigen. Dieses Problem löste sich, als die beiden nach auswärts vermählt wurden.

Bereits in ihrer Hochzeitsnacht war Wilhelmine schwanger geworden. Mutter und Kind überlebten die schwere Geburt am 31.8.1732 nur knapp. Da sie selbst in ihrer Jugend kaum echte Liebe erfahren hatte, wurde auch aus Wilhelmine keine begeisterte Mutter. Sie interessierte sich kaum für das Kind und erwähnte es höchst selten in ihren Briefen. Elisabeth Friederike Sophie sollte der einzige Sprössling ihrer Eltern bleiben und wuchs zu einer vielgerühmten Schönheit heran. Wenigstens hatte sie einen Vater, der sich mit Freuden um sie kümmerte. So schrieb Wilhelmine am 5.9.1733 ihrem Bruder Friedrich nach Berlin: »Meinen Erbprinzen sehe ich, seit wir hier sind, nicht mehr. Er ist den ganzen Tag bei dem Kinde und steht zwei Stunden früher auf als gewöhnlich, um zu ihm zu gehen. Er hält es für ein Meisterwerk der Natur [und] hat mich fast kniefällig gebeten, Ihnen nichts davon zu sagen, denn er schämt sich, aber ich bitte Sie, ihn damit zu necken. Wie er mir gestand, ist ihm das Geschrei des Kindes lieber als die schönste Musik.«

Friedrich der Große, ihr Pate (nach dem sie benannt war), bestimmte über das weitere Leben der elfjährigen Friederike, als er sie mit dem in Preußen erzogenen Herzog Karl Eugen von Württemberg (1728-93) verloben ließ. Am 26.9.1748 folgte eine mit unglaublichem Prunk inszenierte Hochzeit. Aber König Friedrich, der Karl Eugen als frühreifen Frauenhelden einstufte, schrieb illusionslos an Wilhelmine: »Ich mache mir keine Hoffnung, dass er meiner Nichte die Treue halten wird.« Damit sollte er recht behalten, denn der Württemberger Herzog erkannte im Lauf seines Lebens allein 77 uneheliche Söhne als von ihm gezeugt an; die Töchter zu zählen, war ihm nicht so wichtig ...

Die junge Friederike machte sich zunächst durch ihre unglaubliche Arroganz bei ihren Untertanen unbeliebt. Als sie in Stuttgart einzog und jubelnde Menschen ihre Kutsche umringten, fragte sie eine neben ihr sitzende Hofdame: »Was will das Geschmeiß?« Nach einer kurzen Zeit ungetrübten Glücks musste die frischgebackene Herzogin einsehen, dass ihr Gemahl nicht für die Monogamie geschaffen war. Bald wurde sie Mutter, doch die kleine Friederike jr. lebte nur von 1750 bis 1751. Danach wollte sich kein weiteres Kind mehr einstellen. Verzweifelt kehrte sie zu den Eltern zurück, die sie aber postwendend wieder nach Württemberg schickten. 1756 versuchte Friederike es erneut und blieb, nachdem ihre Mutter Wilhelmine gestorben war, einfach für immer in der alten Heimat. Dort führte sie mit Billigung des Vaters auf Schloss Fantaisie bei Donndorf ein zurückgezogenes Leben und suchte bei ihrem eigenen kleinen Musenhof den tyrannischen Gemahl zu vergessen. Am 6.4.1780 starb Friederike an einer Lungenentzündung, erst 47 Jahre alt. Sie ist in der Bayreuther Schlosskirche in einem gemeinsamen Mausoleum mit den Eltern beigesetzt.

Für Wilhelmine als jungvermählte Prinzessin war die Zeit mit ihrem Ehemann, damals noch Erbprinz Friedrich von Bayreuth, den sie nach eigenem Bekunden »leidenschaftlich liebte«, bald vorbei. Denn er war als Offizier in preußische Dienste getreten und wurde vom Soldatenkönig in die Provinz nach Pasewalk beordert. Eine Qual bedeutete es für den kultivierten Mann, während der regelmäßig stattfindenden Besuche beim Schwiegervater mit diesem nächtelang im Tabakskollegium zechen zu müssen, denn der Bayreuther trank nur äußerst maßvoll und vertrug nicht viel. Deshalb musste er sich vom Soldatenkönig ständig auslachen lassen, er sei kein richtiger Mann.

1735 konnte das Erbprinzenpaar aufatmen, denn Markgraf Georg tat ihnen den Gefallen, zu sterben. Wilhelmine und Friedrich III. von Brandenburg-Bayreuth traten nun die Herrschaft an, blieben aber finanziell trotzdem weiter vom Berliner Hof abhängig, der sie das auch deutlich spüren ließ.

Die junge Markgräfin nahm seit 1734 Unterricht in Kompositionslehre bei Johann Pfeiffer (1697-1761), den ihr der Bruder Friedrich empfohlen hatte – er kannte den Kapellmeister der Weimarer Hofmusiker aus Berlin. Endlich konnte sie ungestört ihren musischen Neigungen nachgehen und verpflichtete den Komponisten nach Bayreuth. Schließlich

Wilhelmine;
Pastell von J.-E. Liotard, um 1745

glänzte Wilhelmine, genau wie ihr begabter Bruder, ebenfalls als Komponistin und schuf sogar eine Oper mit dem Titel »Agenore«. Sie erlernte außerdem vier Musikinstrumente. Aus ihrer Feder stammen Opernlibretti, die vom Hofkomponisten vertont und unter ihrer Regie aufgeführt wurden. Wilhelmine zeichnete und malte, außerdem verfasste sie ihre berühmt gewordenen Memoiren, die mitunter etwas übertrieben und in Details nicht immer ganz zuverlässig sind, aber insgesamt ein lebendiges Bild des preußischen Hofes liefern.

Wie König Friedrich schrieb und korrespondierte die Markgräfin in der Hauptsache auf französisch. Schließlich hatten die beiden mit der Mutter, die stellvertretend für Kunst und Bildung stand, immer nur französisch gesprochen, mit dem Vater dagegen deutsch. Und mit ihm verbanden sie die Erinnerungen an derbe Vergnügungen, Gewalt und

Eremitage,
Sonnentempel in Bayreuth

Ignorantentum. Leider bedeutete dies aber auch, dass die Geschwister später keinen Sinn für die sich entfaltende deutsche Literatur ihrer Zeit entwickeln sollten.

Wilhelmines Dilemma war es, dass sie eigentlich für die Rolle der Königin eines großen Reiches erzogen worden war und nun in der Provinz versauern musste. Sie fühlte sich zu Höherem berufen und suchte, trotz der ewigen Geldknappheit, Bayreuth zu einem Musenhof auszubauen. Für die oft verzweifelte Lage ihrer Untertanen brachte sie kein Verständnis auf und verhielt sich nicht unbedingt wie eine leutselige Landesmutter. Die Quittung kam 1753, als das Bayreuther Schloss am Abend des 26. Januar in Brand geriet. Es fanden sich kaum Freiwillige, die beim Löschen halfen. Die Einwohner der Stadt beschuldigten das Herrscherpaar sogar mehr oder minder offen, das Feuer selbst gelegt zu haben, um den »alten Kasten« loszuwerden und ein neues Schloss ganz nach eigenen Plänen erbauen zu können.

Nach einer glücklichen ersten Regierungszeit wartete schließlich um 1739 eine schreckliche Enttäuschung auf die Markgräfin. Hatte sie nach all den harten Jahren geglaubt, in ihrem Gemahl den Diamanten im menschlichen Geröll gefunden zu haben, musste sie nun entdecken, dass er fremdging – und das auch noch mit einer Hofdame, die ihr wie keine andere vertraut und ans Herz gewachsen war: Wilhelmine Dorothea von der Marwitz (1718-1787). Um die Rivalin und ihr nun entfremdete Freundin loszuwerden, betrieb Wilhelmine deren Verheiratung mit einem aus Österreich stammenden, katholischen Cousin, Graf Otto Ludwig Conrad von Burghauß. Der ziemlich mittellose junge Mann lebte als Mündel am Bayreuther Hof. Dieses Vorhaben jedoch brachte die Markgräfin in Konflikt mit dem Bruder Friedrich, der 1740 den Thron bestiegen hatte und auf ein Gesetz pochte, das reichen Erbinnen eine Ehe außerhalb Preußens untersagte. Es kam zu einem ernsthaften Streit der beiden Geschwister, da Wilhelmine sich genierte, dem Bruder den wahren Grund für ihr Handeln anzuvertrauen. König Friedrich schloss, nachdem er von der im April gefeierten Hochzeit erfahren hatte, die frischgebackene Gräfin Burghauß von ihrem reichen väterlichen Erbe aus. Wilhelmine musste einspringen und zahlte dem früheren Fräulein von der Marwitz eine beträchtliche Abfindung, damit diese mitsamt ihrem Ehemann nach Wien verschwand. Dort machte das Paar noch lange von sich reden: sie als Salonnière, er als Verschwender und Frauenheld.

Markgräfin Wilhelmine zeigte sich mehr und mehr enttäuscht von ihrem einstigen Seelenverwandten und Lieblingsbruder. Friedrich hatte bereits bei seinem ersten Besuch in Bayreuth im Oktober 1734 überall nur herumgespöttelt, sich über die Kleinheit und Provinzialität des Markgrafentums lustig gemacht und seinen Schwager ebenso hinabgesetzt wie dessen Vater lächerlich gemacht. Auch später, als Wilhelmine und ihr Gemahl selbst regierten, ließ Friedrich der Große nichts aus, um die beiden in die Rolle der »armen Verwandten« zu drängen. Immer wieder fühlte sich die Markgräfin, die selbst gut austeilen konnte, von der sarkastischen Art des Bruders verletzt. Weiterer Streit entstand, als Maria Theresia von Österreich und ihr Gemahl Franz Stephan von Lothringen, der 1745 in Frankfurt am Main zum Kaiser gekrönt werden sollte, auf dem Weg dorthin über Bayreuther Gebiet reisten. Die höfliche Wilhelmine ließ es sich nicht nehmen, den beiden ihre Aufwartung zu machen, auch wenn es sich um Kriegsgegner ihres preußischen Bruders handelte. Schließlich war es ratsam, sich mit den Habsburgern gutzustellen, und außerdem war Brandenburg-Bayreuth im Krieg um Schlesien neutral geblieben. Doch Friedrich der Große empfand das Tun seiner Schwester als Verrat und versöhnte sich erst zwei Jahre später mit ihr, auf Vermittlung des gemeinsamen Bruders Wilhelm.

Schon bald nach der Thronbesteigung hatte Wilhelmine damit begonnen, ihre kleine Residenzstadt zu einem Kulturzentrum auszubauen. Sie stellte bedeutende Musiker an und vergab Aufträge an berühmte Künstler. Zum 26. Geburtstag erhielt sie vom Ehemann ein besonderes Geschenk: das Schloss Eremitage, ursprünglich eine Einsiedelei in einem Wildpark. Die Markgräfin ließ das Anwesen von 1749 bis 1753 als Neues Schloss von Grund auf neu- und ausbauen, bereichert durch ungewöhnliche Attraktionen wie ein japanisches Teezimmer und ein Spiegelscherbenkabinett. Das frühklassizistische Gebäude verwirklichte viele Ideen seiner Initiatorin zur Ornamentik und Dekoration. Wilhelmine stattete ihre Schöpfung mit einem Landschaftsgarten aus, der seiner Zeit weit voraus war. Neben Grotten und künstlichen Ruinen fand sich darin auch ein Denkmal für ihren verstorbenen Lieblingshund.

Als Friedrich der Große, schon kurz nachdem er König geworden war, in Berlin ein Opernhaus errichten lassen wollte, wollte seine Schwester nicht nachstehen. Der markgräfliche Ehemann, selbst kunstbegeistert, konnte seiner Gemahlin dabei nichts abschlagen und ließ sie berühmte Experten für ihre Pläne heranholen. Der Entwurf für das Bayreuther Opernhaus, an dem Wilhelmine aktiv beteiligt war, stammte von Joseph Saint-Pierre, die herrliche Innenausstattung von Giuseppe Galli Bibiena und seinem Sohn Carlo. Von 1745 bis 1748 wurde an dem nur im Sommer benutzbaren Haus gebaut – es im Winter zu beheizen, erschien unmöglich. Noch heute stellt es eines der schönsten und spektakulärsten Barockgebäude seiner Art dar.

Einen kleinen Buchenwald voller Felsen ließ die Markgräfin ab 1745 zum Garten »Sanspareil« umgestalten und mit einem Ruinentheater versehen. Dazu kamen eine künstliche »Grotte der Kalypso« sowie ein Schlösschen im orientalischen Stil. Doch nicht nur auf dem Gebiet der Schönen Künste tat sich etwas: auch die Bildung sollte nicht zu kurz kommen. 1742 gründete der Markgraf die »Friedrichsakademie« in Bayreuth, eine Universität, die im Jahr danach nach Erlangen verlegt wurde. Wilhelmine gab die Thesen zur Eröffnungsdisputation vor. In Bayreuth gründete sie wenig später eine Kunstakademie.

Das alles hatte natürlich seinen Preis. Als Markgraf Friedrich III. starb, hinterließ er Schulden in Höhe von 3,8 Millionen Gulden. Der durchschnittliche Jahresverdienst eines Handwerkers bewegte sich in jenen Zeiten zwischen 200 und 500 Gulden.

Wilhelmine war, als sich in den Jahren nach der Geburt ihrer Tochter Friederike kein weiteres Kind mehr einstellte, des öfteren zur Bäderkur gefahren. Man übte zunehmend Druck auf sie aus und erwartete ungeduldig, dass sich ein Sohn einstellte, der später das Erbe seines Vaters antreten sollte. Doch das war genau die Reaktion, die die gesundheitlich Angeschlagene nicht brauchen konnte. Sie wurde Ärzten gegenüber immer skeptischer – bis Daniel de Superville (1696-1773) nach Bayreuth kam, der ihr Leibarzt wurde. Der tüchtige und überaus gebildete Arzt entstammte einer niederländischen Medizinerfamilie und hatte zunächst am preußischen Hof gewirkt. Friedrich der Große, damals noch Kronprinz, empfahl ihn seiner Schwester, und der Soldatenkönig ließ Superville schließlich nach Franken ziehen – im Austausch gegen zwei »lange Kerls« für seine Riesengarde. Der neue Leibarzt Wilhelmines kümmerte sich nicht nur erfolgreich um deren Wohlbefinden, sondern regte auch ihren Gemahl zu mancherlei Aktivitäten an. Beispielsweise erfolgte die erwähnte Universitätsgründung auf seinen Vorschlag hin.

Wie die meisten Frauen damals hatte Wilhelmine nichts von der Welt gesehen außer der unmittelbaren Umgebung, in der sie aufgewachsen war, während die Söhne wohlhabender Bürger und des Adels ganz selbstverständlich als Jugendliche eine Bildungsreise ins Ausland unternehmen durften, die manchmal Jahre dauern konnte. (Dem armen Kronprinzen Friedrich hatte der Soldatenkönig einst auch dies nicht zugestanden.) Mit 45 Jahren bekam sie endlich eine Chance, etwas Ähnliches zu tun und an der Seite ihres Gemahls eine Fahrt nach Südfrankreich und Italien zu unternehmen. Am 10.10.1754 startete man Richtung Süden. In Bayreuth glaubten alle, es gehe lediglich nach Montpellier zu einer weiteren Kur, doch das Markgrafenpaar blieb dann tatsächlich fast ein Jahr lang der Heimat fern. Stationen wie Florenz, Genua, Pisa, Rom und Neapel fesselten die beiden Kunstverständigen. Wilhelmine bestieg sogar den Vesuv und hielt den Anblick des Vulkans eigenhändig in einem Bild für ihr Reisetagebuch fest. Die gerade begonnenen Ausgrabungen in Pompeji durfte sie als eine der ersten Touristinnen besichtigen.

Aber das Wetter war den Reisenden nicht gerade hold, und unwegsame Straßen, ungewohnte Ernährung und das heiße südliche Klima setzten Wilhelmine zu, ungeachtet aller herrlichen Eindrücke. Die Strapazen der vielen Besichtigungen kamen noch hinzu, so dass die Markgräfin unterwegs zwölfmal krank darniederlag. Mit vielen echten antiken Stücken im Gepäck, die sie während der Reise erworben hatte, kehrten sie und ihr Gemahl schließlich im August 1755 wieder zurück.

Wenn Wilhelmine ihren Bruder in Sanssouci besuchte, durfte sie – meist als einzige Frau in der Runde – an dessen philosophischer Tafelrunde teilnehmen. Sie teilte auch Friedrichs Begeisterung für Voltaire und hielt dem Franzosen die Treue, als dieser sich längst mit dem Preußenkönig überworfen hatte. Wie Friedrich der Große, so fühlte sich auch seine Schwester den Idealen der Aufklärung verpflichtet und lehnte den pietistisch gefärbten Kirchenglauben ab, in dem man sie als Kind erzogen hatte. Sie erlebte noch die Anfangszeit des Siebenjährigen Krieges, freute sich mit Bruder Friedrich, wenn er siegte, und litt bei seinen Niederlagen. Den Tod des Bruders Wilhelm versuchte man dabei vergeblich vor ihr geheimzuhalten.

Die Markgräfin verfiel zusehends, gequält vom Erbübel der Preußen-Geschwister: Herzinsuffizienz mit daraus resultierender Wassersucht. Ein ständiger trockener Husten mochte vielleicht auf Tuberkulose zurückzuführen sein. Sie magerte immer weiter ab und war bald so schwach, dass sie im Rollstuhl gefahren werden musste wie einst ihr Vater. In der Nacht von König Friedrichs Niederlage bei Hochkirch (14.10.1758) starb Wilhelmine, erst 49 Jahre alt – und ohne geistlichen Beistand.

Die Markgräfin wurde in der Bayreuther Schlosskirche beigesetzt, in einem Mausoleum, in dem später auch ihr Gemahl und die einzige Tochter Friederike die letzte Ruhe finden sollten. Friedrich der Große aber ließ im Park von Sanssouci von Carl Gontard einen Rundtempel erbauen (1766-69), der dem Andenken seiner Schwester gewidmet war. Man findet darin die Figur der Verstorbenen in nachdenklicher Haltung, mit einem Buch in der Hand und ihr Lieblingshaustier – das Bologneserhündchen Folichon – auf ihrem Schoß sitzend. Auch das war eine Gemeinsamkeit der Geschwister gewesen: dass ihnen mit fortschreitendem Alter Hunde als die besseren Menschen galten. Friedrich bestimmte später, auf der Terrasse von Sanssouci neben den Gräbern seiner Windspiele beigesetzt zu werden – ein Wunsch, der seinen Zeitgenossen so unchristlich vorkam, dass er ihm erst im Jahr 1991 erfüllt wurde.

Friedrich Wilhelm
(*16.8.1710 - †31.7.1711)

Der zweite, nach dem Vater benannte Sohn Friedrich Wilhelms I. und Sophie Dorotheas war wie sein zwei Jahre zuvor verstorbenes Brüderchen nicht stark genug, um den Fieberkrämpfen des Zahnens zu trotzen. Er wurde in dessen Nähe im Berliner Dom beigesetzt. Über seine Todesursache wie auch über die des Erstgeborenen Friedrich Ludwig gibt ein Ende Dezember 1712 verfasster Brief König Friedrichs I. an Kurfürstin Sophie von Hannover, die Großmutter des Soldatenkönigs, Aufschluss: »Euer Churfürstliche Durchlaucht werden sich zweifelsohne mit uns erfreuen, dass der kleine Fritz [= später Friedrich der Große] nunmehro sechs Zähne hat und [dies] ohne die geringste Incommodität. Daraus kann man auch die Prädestination sehen« – meinte der stramme Calvinist – »dass alle seine Brüder haben sterben müssen, dieser aber bekommt sie ohne Mühe, wie seine Schwester.«

Die trauernde Mutter beauftragte Antoine Pesne (1683-1757), einen französischen Künstler, der sich in Preußen niedergelassen hatte und von Friedrich I. zum Hofmaler ernannt worden war, mit der Anfertigung eines Gedächtnisbilds. Dieses entstand noch im Todesjahr des Kleinen, wurde aber lange – und wird noch heute häufig – für ein Porträt des Erstgeborenen Friedrich Ludwig gehalten.

Friedrich Wilhelm; Wachsporträt von C. C. Dubut, um 1711

Der Prinz sitzt darauf in einem Gartenwagen, ein dunkelhäutiger Page begleitet ihn. Beide befinden sich in einer parkähnlichen Landschaft. Friedrich Wilhelm hat ein Körbchen umgesto-

Friedrich Wilhelm im Gartenwagen und mit dunkelhäutigem Kammerdiener; Ölbild von A. Pesne, um 1711

ßen oder ausgeleert, aus dem sich eine Fülle bunter Blumen auf den Boden ergießt, daneben kauert ein Eichhörnchen. Auch eine Trommel ist zu sehen; schließlich hatte aus dem Buben ein strammer Soldat werden sollen ...

Doch blieb dies nicht die einzige Erinnerung an das Kind. Abermals beauftragte Königin Sophie Dorothea den schon bewährten Charles Claude Dubut, ein lebensgroßes wächsernes Abbild des kurz vor seinem ersten Geburtstag verstorbenen Sohnes anzufertigen. Auch dieses Werk wurde mit Kinderkleidung ausgestattet, befand sich in den Gemächern der Königin zu Monbijou und wanderte 1743 in die Kunstkammer. Ganz offensichtlich verfolgte die leidgeprüfte Mutter mit diesen Aufträgen nicht nur den Zweck, das Gedächtnis an ihre Kinder wachzuhalten, sondern es sollte auch all ihren Kritikern vor Augen geführt werden, dass sie eine fruchtbare Frau war, sehr wohl imstande, noch weiteren Nachwuchs zu gebären. Mit etwas Glück würde hoffentlich auch einmal ein Sohn am Leben bleiben.

Friedrich, später *Friedrich II. der Große* genannt

(*24.1.1712 - † 17.8.1786)

Das vierte Kind – der dritte Sohn: Auch wenn Friedrich, der nach seinem Großvater väterlicherseits benannt wurde und erstaunlicherweise keine weiteren Vornamen trug, zeitlebens mit Krankheiten zu kämpfen hatte, so war er doch zäh. All die Klippen, die in einem Zeitalter ohne moderne Medizin hilflosen Kleinkindern drohten, umschiffte er elegant. Auch als Erwachsener sollte er physisch zwar manches zu leiden haben, sich aber mit ungeheurer Willenskraft immer wieder aufrappeln und schließlich ein Alter von 74 Jahren erreichen – für die damalige Epoche recht beachtlich.

Der zarte Junge, in der Familie »Fritz« gerufen, schloss sich eng seiner Schwester Wilhelmine an, die drei Jahre älter war. In seiner Jugend blieb sie der einzige Mensch, dem er rückhaltlos vertraute. Zuwendung und Fürsorge erfuhr Friedrich auch von seiner Erzieherin Marthe de Rocoule, die ihn in seinen ersten sechs Lebensjahren betreute und der er eine lebenslang währende Anhänglichkeit bewahrte. Doch mit dem siebten Geburtstag versetzte man den Prinzen in eine harte Männerwelt. Von nun an lebte er unter dem Kommando zweier Offiziere, des Grafen von Finckenstein und des Obersten von Kalckstein, die seine Schwester Wilhelmine in ihren Erinnerungen als redlich, aber beschränkt (Finckenstein) sowie heimtückisch und frömmelnd (Kalckstein) schildern sollte. Die beiden Herren sollten dem Kronprinzen Liebe zum Militärwesen einimpfen und ihn gleichzeitig zu Frömmigkeit und Sparsamkeit anhalten. Immerhin gab es da noch den aus Frankreich geflohenen Hugenotten Jacques Egide Duhan de Jandun, der genauer auf Friedrichs Talente und deren Förderung schaute, anstatt den sensiblen Jungen in vorgefertigte Schablonen zu pressen. Er machte Friedrich mit nützlicher Literatur bekannt und half ihm, eine Privatbibliothek aufzubauen. Dies konnte jedoch nur heimlich geschehen, da König Friedrich Wilhelm derartiges missbilligte, und dazu unter schwierigen Umständen, weil der Kronprinz finanziell unglaublich knapp gehalten wurde. Das Geld für die Bücher musste er sich größtenteils leihen oder zusammenbetteln. Mit 18 Jahren besaß der Kronprinz genau 3.775

Friedrich (II.);
Ölbild, um 1718

Bände, die bei einem Buchhändler gegenüber dem Berliner Schloss versteckt aufbewahrt wurden.

Auch wenn Friedrich als einziger der Preußen-Geschwister mit sieben Jahren bei dem Berliner Domorganisten Unterricht in Musiktheorie erhielt, ging das Interesse seines amusischen Vaters doch nicht so weit, dass er ihm das Erlernen eines Instrumentes gestattet hätte. Dass er bereits als Kind Flöte lernte, verdankte Friedrich seiner weltläufigen, kultivierten Mutter Sophie Dorothea, die diesen Unterricht möglich machte und in ihrem eigenen (Sommer-)Wohnsitz stattfinden ließ, Schloss Monbijou. Mit ihr sprach er so gut wie ausschließlich französisch, das ihm durch Madame de Rocoule vertraut war. So verband Friedrich mit dieser Sprache nur Positives, nämlich die Erinnerung an Geborgenheit und die Beschäftigung mit musischen Dingen, für die er begabt war. Mit dem Vater hingegen musste sich der Prinz auf deutsch unterhalten, wodurch ihm die eigene Muttersprache für immer verleidet wurde. Sie stand ihm für Grobheit, Bildungsferne und Gewalt. Der Soldatenkönig untersagte dem Sohn auch, Latein zu lernen – noch immer eine wichtige Sprache, um Dokumente zu verstehen, und für Gebildete in ganz Europa selbstverständlich, für Friedrich Wilhelm I. dagegen überflüssig.

Je älter Friedrich wurde, desto konfliktreicher gestaltete sich der Umgang mit den Eltern. Neigte er sich der einen Partei zu, hatte er automatisch die andere gegen sich. Solchermaßen gefühlsmäßig zerrissen, wurde der Bub frühzeitig misstrauisch gegenüber seiner Umgebung und ein Meister der Verstellung. Da der Vater zunehmend seine Interessen lächerlich machte und ablehnte, versuchte Friedrich, ihm vorzugaukeln, in allem den väterlichen Weisungen zu folgen. Ab dem Jahr 1724 liegen Berichte ausländischer Diplomaten vom preußischen Hof vor, denen zufolge der Vater seinen Sohn als verweichlicht beschimpfte, weil Friedrich sich nichts aus der Jagd machte, weil er an kalten Tagen Handschuhe trug, weil er die Uniform als »Sterbekittel« bezeichnete. Immer öfter setzte es dann auch Prügel, die der König eigenhändig verabreichte und für ein geeignetes Mittel hielt, den unwilligen Thronfolger auf den »Pfad der Tugend« zurückzuführen. Friedrich Wilhelm I. misshandelte den Sohn vor den Augen des gesamten Hofes, einmal sogar vor Tausenden Augenzeugen – während des Zeithainer Lustlagers, einer Truppenrevue Augusts des Starken, zu der die preußischen Nachbarn 1730 eingeladen worden waren.

Die freudlose, sinnenfeindliche Religion seines Vaters stieß Friedrich ab, und schon früh begann er, Zweifel am Christentum zu hegen. Diese Skepsis teilte er mit seiner Schwester Wilhelmine. Dass es auch anders ging, erfuhr der Kronprinz im Alter von 16 Jahren, als er den König auf eine Reise nach Sachsen begleiten durfte. In Dresden, der prachtvollen Residenz Augusts des Starken, nahm er staunend wahr, wie es an einem Hof zugehen konnte, der weniger sparsam und sinnenfreudiger war als der preußische. Der Unterschied zwischen dem puritanischen Dasein daheim und dem üppig-barocken Stil am kursächsischen Hof war gewaltig. Hier erlebte Friedrich auch seine erste – heterosexuelle – Erfahrung: Der gestrenge Vater konnte nicht verhindern, dass der neugierige Teenagersohn heimlich mit der Tänzerin und Opernsängerin »La Formera«

schlief und sich in Anna Karolina Orzelska verliebte, eine uneheliche, aber legitimierte Tochter Augusts des Starken.

Wieder in die heimische Enge zurückgekehrt, fand der Kronprinz ein heimliches »Asyl« bei der bürgerlichen Familie des Potsdamer Kantors Matthias Ritter. Dessen 16-jährige Tochter Doris (eigentlich Dorothea Elisabeth) spielte gut Klavier und sang im Chor der Nikolaikirche die Solopartien für Sopran. Der Weg zu Ritters war nicht weit, da sie gegenüber dem Potsdamer Schloss wohnten. Bei ihnen konnte Friedrich nach Herzenslust die vom Vater verbotene Musik ausüben.

Es gibt diverse Hinweise darauf, dass der junge Mann nun auch Interesse für sein eigenes Geschlecht zu entwickeln begann. Dem Leutnant Friedrich Ludwig Felix von Borcke schrieb er leidenschaftliche Briefe, und das Verhältnis zu dem Pagen Peter Christoph von Keith verursachte hochgezogene Augenbrauen. Sein bester Freund, möglicherweise auch schon Geliebter, wurde indes der Berufsoffizier Hans Hermann von Katte, der sechs Jahre älter war als der Kronprinz. Er erklärte sich schließlich bereit, mit ihm die Flucht aus Preußen zu wagen. Die mit Gewaltorgien verbundenen Demütigungen des Soldatenkönigs, um Friedrich nach seinem Willen zu formen, waren diesem unerträglich geworden, und er hoffte, während einer Reise durch Süddeutschland entfliehen und sich letztlich zu seinen Verwandten mütterlicherseits nach England absetzen zu können.

Doch das ganze Unternehmen war dilettantisch vorbereitet. Zu allem Unglück hatte Katte keinen Urlaub bekommen und musste mitsamt der Reisekasse daheim ausharren. Am 5.8.1730 wurde Prinz Friedrich im letzten Augenblick von aufmerksamen Offizieren an der Flucht gehindert. Der tobende Vater behandelte ihn wie einen Deserteur und ließ den Thronfolger erst nach Wesel, dann als Gefangenen nach Mittenwalde und schließlich auf die Festung Küstrin bringen.

Schlimm erging es den Menschen, die Friedrich unterstützt hatten. Freund Katte wurde ebenfalls verhaftet, vor ein Kriegsgericht gestellt und zu lebenslänglichem Kerker verurteilt, welchen Spruch der Soldatenkönig eigenmächtig in ein Todesurteil verschärfte. Er befahl auch, dass Friedrich bei der Enthauptung seines Freundes zusehen müsse. Die Familie Ritter wurde aus Preußen ausgewiesen, die musikalische Doris wurde in Potsdam öffentlich ausgepeitscht und ohne jegliches Gerichtsurteil lebenslänglich ins Spandauer Spinnhaus gesteckt, wo sie Zwangsarbeit zu leisten hatte. Zuvor hatte eine ärztliche Untersuchung ergeben, dass sie unberührte Jungfrau war. Und der tapfere Erzieher Duhan de Jandun wurde ins abgelegene, kalte Memel verbannt, nachdem Friedrichs Privatbibliothek entdeckt und in Hamburg verkauft worden war. Zehn Jahre später holte ihn der einstige Schüler nach seiner Thronbesteigung nach Berlin zurück. Doris Ritter hingegen, die nach drei Jahren vom Soldatenkönig begnadigt worden war, erhielt von dem früheren Duettpartner später nur eine geringfügige finanzielle Unterstützung, von der man nicht leben konnte.

Fast ein Jahr lang musste der Kronprinz in Küstrin zubringen, wobei er seine Zeit hauptsächlich mit Verwaltungsarbeiten in Theorie und Praxis füllte – eine harte Schule, aber von unschätzbarem Vorteil für seine spätere Regententätigkeit. Mit Mühe konnte König Friedrich Wilhelm I. davon abgebracht werden, den eigenen Sohn hinrichten zu lassen, doch dieser musste ihm einen Eid bedingungslosen Gehorsams schwören. Inzwischen hatte der Herrscher auch beschlossen, das habsburgische Kaiserhaus zu unterstützen, und die Idee einer englischen Doppelhochzeit für seine ältesten Kinder fallengelassen. Stattdessen sollten Friedrich und seine Schwester Philippine Charlotte (genannt Charlotte) mit Mitgliedern der Familie Braunschweig-Bevern vermählt werden, die den Habsburgern verwandtschaftlich verbunden waren. Prinzessin Wilhelmine sollte den Bayreuther Erbprinzen ehelichen. Man bedeutete dem Kronprinzen, dass er sich mit der Zustimmung zur Verheiratung seine Freiheit erkaufen könne.

So ließ sich Friedrich also mit Elisabeth Christine von Braunschweig-Bevern (1715-1797) zuerst verloben, dann verheiraten. Die Feier fand am 12.6.1733 auf dem – heute abgerissenen – Schloss Salzdahlum bei Braunschweig statt. Es war abzusehen, dass die Ehe unglücklich werden würde, da die jungen Leute so gar nicht zueinander passten. Elisabeth Christine war wenig gebildet, äußerst schüchtern und persönlich sehr fromm. Schon früh kündigte Friedrich an, er werde dieses unliebsame Kapitel seines Lebens hinter sich lassen, sobald er selbst das Sagen haben werde. Vorerst jedoch durfte er mit seiner Gemahlin und einem

Thronfolger Friedrich (II.) mit seinen Brüdern v.l.n.r.:
Ferdinand (1730-1813), August Wilhelm (1722-1758)
und Heinrich (1726-1802);
Ölbild von C. C. F. Rusca, 1737

Kreis gleichgesinnter adeliger Freunde das Schloss Rheinsberg am Grienericksee beziehen. Hier verbrachte Friedrich in relativer Freiheit die nächsten vier Jahre, indem er versuchte, die versäumte Bildung aufzuholen, sich seinen musischen Beschäftigungen widmete und mit den

Elisabeth Christine von Braunschweig,
Königin von Preußen;
Ölbild nach 1740

Freunden kultivierte Gespräche führte. Seinem Briefwechsel kann man auch entnehmen, dass der Thronfolger sich mühte, mit der ungeliebten Frau Nachwuchs zu zeugen, weil ihm der Vater Vergünstigungen in Aussicht gestellt hatte, sobald ein Sohn geboren sein werde. Es sollte jedoch nicht sein. Und auch wenn Elisabeth Christine alles versuchte, ihrem Gemahl gefällig zu sein und sich seinen Vorstellungen anzupassen – allein die Tatsache, dass der tyrannische Vater sie ihm aufgezwungen hatte, genügte Friedrich, um keine Zuneigung in dieser Beziehung aufkommen zu lassen. Es kam ihm wohl auch mehr und mehr zu Bewusstsein, welchem Geschlecht seine eigentliche Neigung gehörte. Während seiner Gefangenschaft in Küstrin hatte Friedrich einen

Friedrich II.
König von Preußen;
Ölbild von A. Pesne, um 1741

Soldaten namens Michael Gabriel Fredersdorff (1708 1758) kennengelernt, der ebenso gern und gut Flöte spielte wie er selbst und ihn von da an über fast 20 Jahre seines Lebens begleiten sollte. Der bürgerliche Mann erhielt eine einzigartige Vertrauensstellung, wurde von Friedrich geduzt und war lange sein Partner, wenn auch zuzeiten nicht der einzige. Die Homosexualität Friedrichs des Großen war in früheren Zeiten ein Tabuthema und wird von einigen Historikern auch heute noch abgestritten oder bagatellisiert – als wäre eine sexuelle Orientierung dieser Art ein Hindernis für geschichtliche Größe. Tim Blanning meint dazu in seiner hervorragenden Biographie des Königs (2016), es sei »schwierig, das geballte Gewicht der Indizien in Abrede zu stellen.«

Michael Gabriel Fredersdorff; Ölbild von A. Pesne, um 1745

Der Tod seines Vaters befreite Kronprinz Friedrich von vielerlei Lasten. Als der Soldatenkönig am 31.5.1740 im Alter von nur 52 Jahren seinen vielen Krankheiten erlegen war, übernahm der 28-jährige Thronfolger als Friedrich II. in Preußen die Macht und zeigte sehr rasch, in welche Richtung die Entwicklung gehen sollte. Endlich brauchte er auf niemanden mehr Rücksicht zu nehmen – er selbst erteilte nun die Befehle. Im Privaten hieß das, dass er sich von seiner Gemahlin trennte, ohne sich freilich von ihr scheiden zu lassen. Ab und an war es für ihn doch ganz bequem, wenn ihm Elisabeth Christine lästige Repräsentationspflichten abnahm oder Gäste empfing, auf die er nicht besonders neugierig war. Es wurde jedoch eine räumliche Trennung vollzogen, indem Friedrich seiner Gattin das Schloss Schönhausen als Sommerwohnsitz zuwies. Damals lag es noch weit vor den Toren Berlins, heute gehört es zum Stadtteil Pankow. »Da kann sie schön hausen«, witzelte Friedrich angeblich. Die übrige Zeit des Jahres verbrachte Preußens neue Königin in den ihr zugedachten Gemächern des Berliner Schlosses. In dem riesigen Gebäude konnte man sich bequem aus dem Weg gehen.

Mit einem kurzen Brief machte Friedrich unmissverständlich klar, wer in seinen Augen die wahre Königin des Landes war: Er stellte seine verwitwete Mutter Sophie Dorothea im Rang über Elisabeth Christine – eine Demütigung sondergleichen, aber die fromme Braunschweigerin nahm es als eine »Prüfung Gottes« hin. Die Zeiten gemeinsamer Existenz in Rheinsberg, wo man sie in Friedrichs Freundeskreis immerhin noch geduldet hatte, waren vorbei, ebenso die angestrengten Versuche, für dynastischen Nachwuchs zu sorgen. In den kommenden

König Friedrich II. von Preußen nach der Schlacht bei Hohenfriedberg; Ölbild von A. Pesne, 1746

Jahrzehnten sollte die Königin ein wenig beneidenswertes Leben am Rande der Hofgesellschaft führen. Oft musste sie sogar darum bangen, zu Familienereignissen wie Hochzeiten oder Taufen überhaupt eingeladen zu werden. Sie versuchte, ihrem Dasein Sinn zu geben, und befasste sich nicht nur verstärkt mit Wohltätigkeit aller Art, sondern übersetzte auch fromme Literatur aus dem Französischen – von diesen Büchern fand sich später kein einziges in der Bibliothek ihres Gemahls. Nach dem Tod ihrer Schwiegermutter war Elisabeth Christine endgültig die First Lady Preußens und hatte vor allem während der Jahre, in denen König Friedrich Krieg führte und auf Feldzügen unterwegs war, eine wichtige repräsentative Funktion inne. Fast unbegreiflich erscheint, dass die verstoßene Frau ein Leben lang in unerwiderter Liebe an ihrem Gemahl hing. Sie pries Friedrich als einen der bedeutendsten Fürsten seiner Zeit, bekam aber von ihm nach siebenjähriger Abwesenheit durch den ebenso langen Krieg beim Wiedersehen nur einen einzigen Satz zu hören: »Madame sind korpulenter geworden.« Natürlich wurden auch die Jubiläumshochzeitstage nicht begangen, denn in dieser Hinsicht gab es nichts zu feiern. Als Kuriosität ist demnach eine in mehreren Versionen erhaltene Miniatur des Hofkünstlers Anton König (1756-1838) anzusehen, auf denen Friedrich und Elisabeth Christine anlässlich ihrer Silberhochzeit einander zärtlich zugewandt abgebildet sind. Die über viele Jahrzehnte geführten Tagebücher des Grafen Lehndorff, der als Kammerherr im Dienst der Königin stand, stellen eine wertvolle Quelle zum Leben des preußischen Hofes dar. Er beschreibt auch die Persönlichkeit Elisabeth Christines mit distanziert-analytischer Genauigkeit.

Die ungeliebte Frau war nun fort, die begehrten Männer zogen ein: Der bereits erwähnte Michael Gabriel Fredersdorff wurde zum Geheimen Kämmerer und Schatzmeister des Königs, darüber hinaus nahm er noch viele weitere Aufgaben wahr, u.a. solche geheimdienstlicher Natur. Aber auch ein bürgerlicher Italiener, Francesco Algarotti (1712-1764), bereicherte für eine Weile das Leben an Friedrichs Hof. Gleich nach der Thronbesteigung erhob König Friedrich II. den Schriftsteller und Kunsthändler zum Grafen, obwohl er sonst kein Freund solcher Standeserhöhungen war. Der König hielt auf strenge Trennung der Stände – so durften beispielsweise ausschließlich Adlige Offiziere im Heer werden

– und verachtete das Volk, auch wenn er sich als dessen »ersten Diener im Staate« betrachtete. »Der Pöbel verdient keine Aufklärung«, schrieb Friedrich der Große. »Wenn acht Zehntel des Volkes über den Erwerb ihres Unterhalts [hinaus] nicht zum Leben kommen, wenn ferner ein Zehntel aus Oberflächlichkeit, Leichtsinn oder Dummheit nichts lernt, so ergibt sich, dass das bisschen Menschenverstand, dessen unser Geschlecht fähig ist, sich nur im geringsten Bruchteile eines Volkes befindet.«

Die unter seinem Vater arg vernachlässigten Künste wurden unter König Friedrich wieder verstärkt gepflegt. Er begann noch 1740 mit der Planung eines Opernhauses in Berlin, das sein Freund, der Stararchitekt Georg Wenzeslaus von Knobelsdorff, entwarf und von 1741 bis 1743 erbauen ließ. Es gilt als das erste wichtige Bauwerk des Neo-Palladianismus in Deutschland und bot 2.000 Zuschauern Platz. Die dorthin verpflichteten Sänger und Sängerinnen, Tänzer und Tänzerinnen, Schauspieler und Schauspielerinnen kamen so gut wie alle aus dem

Schloss Rheinsberg am Grienericksee

Ausland, vornehmlich Italien und Frankreich. Es galt als Sensation, als der Monarch 1771 eine deutsche Sängerin engagierte, die Sopranistin Elisabeth Mara (1749-1833), nachdem er zuvor lange Zeit die Leistungen deutscher Sangeskünstler dem Gewieher von Pferden gleichgesetzt hatte. Die aufgeführten Opern allerdings stammten durchweg von deutschen Komponisten, allen voran von Carl Heinrich Graun (1704-1759) und Johann Adolf Hasse (1699-1783).

Als musikalisch hochbegabter Mensch sorgte Friedrich der Große nicht nur dafür, dass schleunigst wieder eine Hofkapelle aufgebaut wurde – zur Eröffnung des Opernhauses umfasste sie bereits 40 Mann unter Leitung Grauns –, er komponierte und musizierte auch selbst. »Eine visuelle, dramatische und klangliche Welt im Theater zu erschaffen, war ihm eine seelische Notwendigkeit«, meint sein Biograph Blanning. Es gehörte zum normalen Tagesablauf des Monarchen, dass er in seinen Privatgemächern auf der Flöte spielte und abends vor überschaubarem Personenkreis ein Konzert gab – eine Gewohnheit, die er gesundheitsbedingt aufgeben musste, als er im Alter seine Schneidezähne verlor. Zu Friedrichs eigenhändig niedergeschriebenen Kompositionen gehören u.a. 121 Flötensonaten, eine Sinfonie, Tänze und Opernarien. Selbst auf seinen Feldzügen ließ sich der König noch von ausgewählten Musikern begleiten und nahm u.a. ein zusammenklappbares Reisespinett mit in den Krieg.

Barbara Campanini, die »Barberina«; Ölbild von A. Pesne, um 1745

Ähnlich wie seine jüngere Schwester Anna Amalie entwickelte Friedrich mehr und mehr einen konservativen Musikgeschmack, der einfach zu einer gewissen Zeit stehenblieb. Was »moderner« klang, war ihm ein Gräuel: »Jedenfalls ist die Musik heutzutage zu einem Getöse entartet, das unsere Ohren angreift, statt sie zu streicheln«, schrieb er der Kurfürstin

Maria Antonia Walpurgis von Sachsen. »Um sie wieder zu entdecken, müssen wir uns zu Vinci, Hasse und Graun zurückwenden.« In seinen – schlechtbezahlten – Diensten stand auch Carl Philipp Emanuel Bach (1714-1788), einer der Söhne des großen Johann Sebastian, doch wurden dessen Werke nicht so sehr geschätzt wie die der genannten Kollegen. Als der alte Bach seinen Sohn 1747 am Hof zu Potsdam besuchte, entstand nach einem von König Friedrich erdachten und vorgegebenen Thema spontan die Fuge des »Musikalischen Opfers« (BWV 1079).

Wie erwähnt, engagierte Friedrich der Große Berühmtheiten aus dem Ausland. Zu diesen gehörte auch die Tänzerin Barbara Campanini (1721-1799), genannt »die Barberina«. Zu Parma als Tochter eines Flickschusters geboren, hatte sie ihre Karriere als Ballerina in Paris begonnen und war vom König durch ein sehr schmeichelhaftes Angebot nach Berlin gelockt worden. Die Barberina wurde jedoch vertragsbrüchig, als sie sich in einen schottischen Lord verliebte und mit diesem nach Venedig fuhr, statt ihr Engagement in Preußen anzutreten. Kurzerhand griff der König durch: Er setzte einen durchreisenden venezianischen Diplomaten so lange gefangen, bis die Republik Venedig ihm die Tänzerin auslieferte. Unter Bewachung brachte man Campanini nach Berlin. Dort wurde sie dank ihren hohen und weiten Sprüngen gefeiert, durfte mit dem König speisen und erhielt ein Gehalt, das dasjenige eines Ministers um ein Mehrfaches übertraf. Dafür jedoch stand in ihrem Vertrag, dass sie unvermählt zu bleiben habe.

Friedrich der Große geriet in heiligen Zorn, als es 1749 Carl Ludwig von Cocceji, der Sohn seines Großkanzlers, wagte, der Barberina auf offener Bühne einen Heiratsantrag zu machen. Der Adel hatte sich gefälligst nicht mit Flickschusterstöchtern zu vermischen, außerdem wollte er seine berühmte Ballerina nicht verlieren. Baron Cocceji wanderte auf anderthalb Jahre ins Gefängnis, heiratete aber dennoch heimlich seine angebetete Italienerin. Der König verbannte den ausgezeichneten Verwaltungsfachmann mitsamt Frau schließlich nach Glogau. Für die Barberina als Gattin an seiner Seite war die Karriere vorbei.

Hatte Friedrich sich vom Soldatenkönig einst vorwerfen lassen müssen, »effeminiert« oder »wie ein Affe« auszusehen, wenn er nach neuester französischer Mode gekleidet ging, so hinderte ihn jetzt nichts und nie-

Schloss Sanssouci, Potsdam

mand mehr daran, dieser Neigung zu frönen. In den ersten Regierungsjahren trug der Herrscher kostbaren Schmuck und silberbestickte Brokat- und Seidengewänder. Die Zeit, in der er ausschließlich in verschlissenen Uniformröcken auftreten sollte, lag noch weit entfernt.

Für immer mit dem Namen Friedrichs des Großen verbunden ist schließlich auch dessen Sommersitz bei Potsdam, das nur einstöckige und recht kleine Schloss Sanssouci. Es wurde nach von dem König skizzierten Plänen entworfen und von 1745 bis 1747 errichtet. Dort lebte sich der König mit seiner Männergesellschaft aus – Elisabeth Christine durfte ihn kein einziges Mal dort besuchen –, dort hängte er seine prächtige Gemäldesammlung auf, und dort versammelte sich seine berühmte Tafelrunde, an der Gelehrte und Wissenschaftler mit Friedrich diskutierten. Auf der Terrasse oberhalb des stufenförmig angelegten Weinberges, der zum Park hinunterführt, finden sich die Gräber der Lieblingshunde des Königs. Und genau hier wollte auch er selbst einst beigesetzt werden. Doch sollte es bis 1991 dauern, bis dieser Wunsch erfüllt wurde. Wer heute die schlichte Inschrifttafel im Boden betrachtet, die über der kleinen Gruft eingelassen ist, findet oft von heutigen Verehrern beiderlei Geschlechts abgelegte Kartoffeln darauf. Dies verdankt sich der Tatsache, dass Friedrich der Große die Bedeutung erkannte, die der Anbau jener Feldfrucht für die Ernährung weiter Bevölkerungskreise haben konnte, und ab 1756 alles daransetzte, ihr zum Durchbruch zu verhelfen (u.a. mit dem sogenannten »Kartoffelbefehl« an die Beamten seiner Provinzen).

Ein weiterer Schlossbau Friedrichs ist das unweit von Sanssouci gelegene Neue Palais, das sehr großzügige Ausmaße aufweist: Die Fassade ist

220 m lang und 55 m hoch. Bereits in den 1750er Jahren begonnen, wurde das Gebäude erst nach 1763 fertiggestellt, als Preußen gerade den Siebenjährigen Krieg überstanden hatte und eigentlich finanziell ziemlich erschöpft war. Das Neue Palais sollte der Öffentlichkeit – vor allem im Ausland – beweisen, dass die Kräfte zu seiner Vollendung aber trotzdem immer noch ausreichten.

Als Friedrich II. seine Herrschaft antrat, stand er bereits seit vier Jahren im brieflichen Verkehr mit Voltaire (1694-1778), dem europaweit gefeierten Schriftsteller und Philosophen der Aufklärung. Aus dem Schriftwechsel der beiden, die einander aus der Ferne bewunderten, entstand schließlich ein Buch, das der junge König im September 1740 veröffentlichte: der »Anti-Machiavel«. Darin wandte sich Friedrich gegen die Thesen des Renaissanceautors Niccolò Machiavelli, der in seinem Werk

Neues Palais, Potsdam, kolorierte Druckgrafik, um 1800

»Il principe« dargelegt hatte, wie man als Fürst Macht erwirbt und erhält: vor allem mit einem Gutteil Skrupellosigkeit. Als Friedrich selbst allerdings bald in der Praxis sich nicht mehr an die eigenen Worte hielt, verschwand das Buch zumindest in Preußen ziemlich rasch aus den Regalen der Händler.

Denn wie sich zeigen sollte, war Friedrich der Große alles andere als ein verträumter Philosophenkönig, der vor allem den schönen Künsten lebte und den zusammengehamsterten Staatsschatz seines Vaters unter die Leute brachte. Ein Zufall der Geschichte eröffnete dem neuen Monarchen im Jahr seiner Thronbesteigung Chancen, die er ohne Zögern ergriff.

Dieser Zufall war der Tod des Kaisers Karl VI., der – erst 55-jährig – einer Pilzvergiftung erlag, vermutlich dem Grünen Knollenblätterpilz. Karl war der letzte männliche Habsburgerherrscher gewesen. Er hatte zwar drei Töchter, doch diese durften ihres Geschlechtes wegen nicht den Kaiserthron besteigen. So hatte der besorgte Vater wenigstens versucht, die Herrschaft seiner Ältesten, Maria Theresia (1717-1780), über die habsburgischen Stammlande zu sichern. In der Pragmatischen Sanktion von 1713 hatte Karl VI. die Unteilbarkeit der Stammlande festgelegt und bestimmt, dass auch Frauen über sie herrschen dürften, wenn kein männlicher Erbe vorhanden sein sollte. Die Zustimmung der ausländischen Mächte zu diesen Bestimmungen musste teuer erkauft werden – und sollte sich zuletzt doch als vergebliche Liebesmüh erweisen.

Klammheimlich rüstete der junge Preußenkönig zum Krieg, um sich sein Stück Beute aus dem Erbe der vermeintlich schwachen Frau Maria Theresia zu holen. Auch diese Aktion bedeutete eine Abkehr von der väterlichen Politik, denn Friedrich Wilhelm I. hatte nie einen Krieg geführt und in seiner schriftlichen Instruktion für den Nachfolger diesen eindringlich vor einem »ungerechten Krieg« gewarnt, den man selber ohne Not vom Zaun breche. Im Dezember 1740 rückten preußische Truppen in die österreichische Provinz Schlesien ein. Andere Nachbarn folgten Friedrichs Beispiel, nämlich Baiern und Sachsen, so dass sich der Konflikt bald zu einem regelrechten Erbfolgekrieg ausweitete. Zwar konnte der siegreiche Friedrich 1742 einen Friedensschluss mit Österreich erwirken, der ihm Schlesien und die Grafschaft Glatz beließ, doch

1744 kam es zum Zweiten Schlesischen Krieg, indem die Preußen in Böhmen einmarschierten, das ebenfalls zu Maria Theresias Erbe gehörte. Zwei Jahre später wurde zu Dresden ein Friede geschlossen, der Friedrich dem Großen abermals Schlesien zusprach, wofür er im Gegenzug die Pragmatische Sanktion anerkannte.

Was reizte König Friedrich an Schlesien, warum führte er weitere Kriege, um seine Eroberung behalten zu können? Ein Blick auf die damalige Landkarte zeigt den ersten Grund: Es bedeutete einen gewaltigen Gebiets- und Bevölkerungszuwachs. Es handelte sich um eine Provinz von etwa 500.000 km^2 Größe, in der rund 1,1 Millionen Menschen lebten – eine willkommene Erweiterung und Abrundung der Mark Brandenburg! Wirtschaftlich gesehen, stellte Schlesien ebenfalls einen erheblichen Zugewinn dar: fruchtbare Böden, Bodenschätze wie z.B. Kohle und eine funktionierende Industrie, vor allem im textilen Bereich. Allein aus Schlesien sollten künftig 40% der preußischen Staatseinnahmen kommen! Auch strategisch gesehen, bedeutete das Land einen Vorteil, da österreichische Truppen nunmehr nicht mehr so nah an Berlin vorrücken konnten.

Die politische Großwetterlage sah jedoch für Friedrich den Großen zehn Jahre nach dem Ende des Zweiten Schlesischen Krieges alles andere als rosig aus. Inzwischen hatte er drei Damen gegen sich, die ihn als gefährlichen Feind betrachteten und Preußen als weitere Großmacht in Europa nicht akzeptieren wollten. Außer Maria Theresia, deren Gemahl Franz Stephan von Lothringen 1745 Kaiser geworden war, waren das Zarin Elisabeth Petrowna von Russland und die Marquise de Pompadour, die als offizielle Geliebte Ludwigs XV. von Frankreich zugleich dessen Beraterin und eine Art informelle Premierministerin war. Die beiden letzteren Frauen hatte der spottlustige Preußenkönig unnötigerweise persönlich beleidigt und damit noch mehr gegen sich aufgebracht. Zarin Elisabeth war die letzte noch lebende Tochter Peters des Großen und regierte seit 1741, als sie die Regentin Anna Leopoldowna, deren welfischen Ehemann Anton Ulrich von Braunschweig-Bevern und beider gemeinsamen Sohn, den Baby-Zaren Iwan VI. gestürzt und in den nördlichen Weiten Russlands bzw. in der Festung Schlüsselburg hatte verschwinden lassen. Friedrich der Große machte sich gerne über die

Vorliebe der Herrscherin für Hochprozentiges sowie potente Männer lustig. An Madame de Pompadour störte ihn wohl, dass sie dem Bürgertum entstammte und als hochgebildete, politisch aktive Frau einem eher unentschlossenen Mann zur Hand ging – oder ihm ihren Willen aufzwang, wie Friedrich es wahrnahm und als verachtenswert abtat.

Die Staaten Österreich, Russland, Frankreich, Schweden und Kursachsen schlossen sich zu einer Allianz gegen Preußen zusammen. Demgegenüber standen nur Großbritannien und das Kurfürstentum Hannover, dazu die eher kleinen Staaten Braunschweig-Wolfenbüttel, Hessen-Kassel und Sachsen-Gotha-Altenburg als Verbündete an Friedrichs Seite. Er begann 1756 den Krieg, der sich zum Siebenjährigen ausweiten sollte, mit einem Präventivschlag, indem die Preußenarmee in Sachsen einmarschierte. Im weiteren Verlauf des Konflikts stand Friedrichs Land mehrfach vor dem Untergang, insbesondere nach einer furchtbaren Niederlage der Preußen bei Kunersdorf (1759). Viele Häuser, ja ganze Städte fielen der Zerstörung anheim. Es kam sogar so weit, dass die Russen in Berlin einmarschierten, wo u.a. Schloss Schönhausen geplündert wurde. Königin Elisabeth Christine war zuvor mit dem Rest des Hofes in die noch sichere Festung Magdeburg geflohen. Eigentlich war, auch für einen gewieften Strategen wie Friedrich, ein Krieg an drei Fronten gegen eine solch erdrückende Übermacht nicht zu gewinnen. Doch abermals entschied ein historischer Zufall über den Gang der Dinge.

Zarin Elisabeth, die bereits einen Schlaganfall erlitten hatte und einen ungesunden Lebensstil pflegte, starb plötzlich im Alter von 52 Jahren. Selbst – offiziell – kinderlos, hatte sie ihren Neffen Karl Peter Ulrich von Schleswig-Holstein-Gottorp (1728-1762), den Sohn ihrer Schwester Anna, zum Thronfolger bestimmt, der nun als Peter III. Zar wurde. Als glühender Verehrer König Friedrichs stoppte Peter sofort die Kampfhandlungen und schloss Frieden mit Preußen. Damit waren sämtliche mühsam errungenen Erfolge Russlands zunichte gemacht. Doch nicht dieser Todesfall allein bewirkte das vielbeschworene »Wunder des Hauses Brandenburg«. Versäumnisse der antipreußischen Alliierten sowie die Erschöpfung von Finanzmitteln und Durchhaltevermögen der Beteiligten retteten König Friedrich knapp vor dem Untergang. So wur-

Königin Elisabeth Christine von Preußen vor Schloss Schönhausen; Ölbild von F. Reclam, um 1750

de Preußen durch den 1763 geschlossenen Frieden von Hubertusburg endgültig zur europäischen Großmacht und hatte sich vom Status des Emporkömmlings befreit, dies allerdings um einen fürchterlichen Preis: Von 1756 bis 1763 waren etwa 400.000 Menschen ums Leben gekommen, darin eingeschlossen die Anzahl gefallener Soldaten. Und zeitweise hatte der Unterhalt der Armee mehr als 70% der Staatseinnahmen verschlungen.

Die im Feld verbrachte Zeit hatte den König vorzeitig altern lassen. Von nun an hatte er genug vom Kriegführen. Friedrich widmete sich dem inneren Ausbau seines Staates, vor allem dem eines einheitlichen Rechtssystems, das Korruption bekämpfen sollte. Bereits zu Beginn seiner Herrschaft hatte Friedrich die Folter abschaffen lassen, und darüber hinaus war er bemüht, mehr Humanität und Gerechtigkeit in das preußische Justizsystem zu bringen. Zumindest eine Zeitlang gab es eine Lockerung der Zensur, auch wenn von wirklicher Pressefreiheit noch keine Rede sein konnte.

Regelmäßig führte der König Inspektionsreisen in den diversen Teilen seines Landes durch und schaute selbst nach dem Rechten. Er setzte auf ein Wirtschaftssystem, das heute als Merkantilismus bezeichnet wird. Der Staat besaß Monopole, beispielsweise auf Kaffee und Tabak, Getreide, Holz und Wein. Neue Industriezweige blühten auf und Manufakturen wurden gefördert, während gewisse begehrte Dinge mit hohen Einfuhrzöllen belegt wurden. Doch wie schon unter dem Soldatenkönig, so ragte auch unter seinem Sohn eine Branche besonders heraus: Gegen Ende des 18. Jahrhunderts arbeiteten mehr als 80% aller gewerblich Tätigen in der und für die Textilindustrie. Der ständige Bedarf an Uniformen trug dazu sicher seinen Teil bei.

Einen weiteren Landgewinn verbuchte Preußen durch die Erste Polnische Teilung im Jahr 1772, an der sich auch die einstigen Feinde Österreich und Russland beteiligten und mit der das Verschwinden Polens als selbstständigen Staates von der politischen Landkarte eingeleitet wurde. Dadurch kamen noch Westpreußen, das Ermland und der Netzedistrikt zum preußischen Territorium hinzu sowie die dort lebenden rund 500.000 Menschen. Von jetzt an nannte sich Friedrich II. König von Preußen – das »in« hatte ausgedient, denn jetzt war auch das Preußen »königlichen Anteils« dem Gebiet seines Staates angegliedert worden.

König Friedrich, der persönlich wohl eher dem Atheismus zuneigte, prägte den berühmten Spruch, dass in seinem Land »jeder nach seiner Façon selig werden« dürfe, und ließ daher die verschiedenen Religionen in Preußen nebeneinander existieren. In der Hauptsache lebten hier Lutheraner und – in kleinerer Anzahl – Reformierte (Calvinisten). Durch die Ausbildung des preußischen Staatskirchentums gab es verstärkte

Tendenzen zur Vereinigung beider Konfessionen. Diese jedoch sollte Friedrich der Große nicht mehr erleben. Erst 1817 kam es unter Friedrich Wilhelm III., dem Sohn seines Nachfolgers, zur sogenannten »Einführung der Union«. Mehrfach hatte ja Preußen Wellen von Einwanderern aufgenommen. Bereits unter dem Großen Kurfürsten waren die in Frankreich verfolgten Hugenotten gekommen, die mit ihrer besonderen Arbeitsethik und gut ausgebildeten Handwerkern das Land bereicherten. 1732 waren, vom Soldatenkönig ermuntert, aus dem Salzburger Land rund 20.000 Menschen nach Ostpreußen gezogen, weil sie nicht auf Befehl ihres Fürstbischofs katholisch werden wollten.

Daneben gab es, vor allem durch das Hinzukommen des ehemals österreichischen Schlesien und der früher polnischen Gebiete im Osten, nun auch eine bemerkenswerte Anzahl Katholiken in Preußen. Auch in Berlin wurden Gotteshäuser für diese Gläubigen errichtet. Der König antwortete auf die Frage, ob Katholiken Bürgerrechte gewährt werden könnten: »Alle Religionen seindt gleich und guth, wan nuhr die leute, so sie profesiren [= ihr Bekenntnis ausüben], Ehrlige leute seindt, und wen Türken und Heihden kämen und wollten das Land pöplieren [= bevölkern], so wollen wir sie Mosqueen und Kirchen bauen.« [Originalorthographie]

Es gab tatsächlich auch schon zu König Friedrichs Zeiten Moslems in Berlin, doch in so geringer Anzahl, dass vorerst keine Gotteshäuser für sie entstanden (die Wilmersdorfer Moschee, gebaut von 1924 bis 1927, sollte die Erste ihrer Art sein, abgesehen von einem provisorischen Holzbau für Gefangene des Ersten Weltkrieges 1915). Seit 1798 existierte in Tempelhof ein islamischer Begräbnisplatz.

Wesentlich zahlreicher waren die Juden in Preußen vertreten, die zwar ihren Glauben ausüben durften, allerdings den christlichen Untertanen nicht gleichgestellt waren. Friedrich der Große hegte die damals üblichen Vorurteile gegen diese Gruppe der Bevölkerung, der er Wucher und Unehrlichkeit beim Wirtschaften unterstellte, und belegte sie mit teilweise schikanösen Vorschriften. So mussten Juden bei jeglichen Hochzeiten, Begräbnissen usw. zwangsweise Porzellan – oft ganz minderwertiges – aus der Königlichen Manufaktur zu Berlin erwerben. Man schloss sie von Universitäten, Zünften und dem Staatsdienst aus, Besitz eigenen Grund

und Bodens war untersagt. Selbst ein bedeutender Philosoph wie Moses Mendelssohn durfte Berlin nur durch zwei ganz bestimmte, ihm vorgeschriebene Stadttore betreten. Ständig wurden Juden auf unterschiedliche Weise zur Kasse gebeten und finanziell belastet, wann immer möglich. Es gibt viele Belege für diese Haltung des Königs, die er im übrigen mit Voltaire teilte, einem ausgesprochenen Antisemiten. Bereits sein Vater, Friedrich Wilhelm I., hatte dem Sohn und Nachfolger schriftlich ans Herz gelegt: »Ihr müßet sie drücken, den sie Jesus Kristij verrehter sein und sie nicht trauen, den der redelicheste Jude ein ertzbedriger [= Erzbetrüger] und schelm ist.« [Originalorthographie]

Der schon mehrmals zitierte Graf Lehndorff berichtet in seinem Tagebuch vom Karneval 1754, dass die Brüder des Königs – von diesem selbst ist keine Rede – und ihr Gefolge sich in Prinz Heinrichs Palais als Juden verkleidet und in Kulissen gefeiert hätten, die eine Synagoge vorstellen sollten. Im 21. Jahrhundert ein gesellschaftliches Unding, war es in jener Epoche trotz »Aufklärung« nicht verpönt, sich über den Glauben von Minderheiten im eigenen Land lustig zu machen.

Das Los der preußischen Bauern zu erleichtern, war König Friedrich II. ein ehrliches Anliegen, doch hier stieß er an seine Grenzen. Die Erbuntertänigkeit aufzuheben, hat er sich nie getraut, denn er brauchte die Unterstützung des Adels, den er zwar in die Schranken weisen, aber nicht mit derart umstürzlerischen Neuerungen konfrontieren wollte. Bedenkenswert ist auch der von den Bauern entrichtete Blutzoll, denn während der drei großen um Schlesien geführten Kriege kamen ungefähr 250.000 Männer aus dem Bauernstand ums Leben. Sie bildeten das »Kanonenfutter«, gewöhnlich ohne Chance, bei besonderen Leistungen in höhere Positionen aufzusteigen, denn die Offiziersstellen waren ja dem Adel vorbehalten.

Von der Förderung von Kunst und Kultur, die nach Friedrichs Thronbesteigung einsetzte, ist bereits die Rede gewesen. Im persönlichen Umgang strebte der Herrscher ebenso danach, Zeichen zu setzen. So holte er im Jahr 1750 mit Erlaubnis des französischen Königs den Philosophen und Schriftsteller Voltaire an seinen Hof und verlieh ihm eine fürstlich dotierte Stelle als Kammerherr. Die beiden vorherigen Briefpartner diskutierten sich – zu zweit oder im Kreise der Tafelrunde

König Friedrich II. von Preußen;
Ölskizze von J. G. Ziesenis, 1763

– die Köpfe heiß, doch das Verhältnis zwischen den beiden gelehrten Spöttern verschlechterte sich zusehends. Voltaire sah sich wohl mit der Zeit zum königlichen Stichwortgeber degradiert und litt darunter, dass im Grunde genommen zwischen einem Monarchen und dessen Angestelltem keine wirkliche Begegnung auf Augenhöhe möglich war. Zum Bruch kam es dann, weil es Voltaire nicht lassen konnte, den als Rivalen empfundenen Präsidenten der Preußischen Akademie der Wissenschaften anzugreifen, Maupertuis. 1753 war das Maß voll, und Voltaire verließ das Land unter sehr unschönen Umständen. Unter anderem entzog ihm Friedrich einen Orden, den er ihm verliehen hatte, und ließ ihn zu Frankfurt vorübergehend verhaften.

Das Bild des spartanisch lebenden Preußenkönigs hat sich ins allgemeine Gedächtnis eingegraben, doch Friedrich war alles andere als ein Kostverächter. Seine Küche, zumindest in Friedenszeiten, konnte sich sehen lassen. Selbst wenn keine besonderen Feiern anstanden, wurden an seiner Tafel täglich acht Gänge serviert. Aus entsprechenden Gewächshäusern kamen das ganze Jahr über exotische Früchte, darunter Ananas, Bananen, Orangen, Zitronen und sogar Papayas. Bereits morgens zum Frühstück trank der König sieben bis acht Tassen Kaffee, den gesamten Tag über nahm er Unmengen von Schnupftabak zu sich, wie er denn auch eine umfangreiche Sammlung kostbarer Dosen besaß, in denen man diesen aufbewahrte, und gerne sprach er dem Champagner zu. Kein Wunder, dass er mit der Zeit durch Fehlernährung gesundheitliche Probleme bekam. Vor allem die Gicht setzte dem Herrscher zu, ebenso ständiger Ärger mit der Verdauung. Eines der Lieblingsthemen im – deutsch geführten – Briefwechsel mit seinem Partner und Faktotum Fredersdorff waren die Hämorrhoiden, unter denen beide nicht zu knapp zu leiden hatten. Friedrich musste sich immer wieder mit Koliken herumschlagen, mit Geschwüren am Bein, Hautausschlag und Asthmaanfällen. Die in Abständen wiederkehrenden Fieber- und Schwindelanfälle, Schweißausbrüche und Schüttelfrost waren offenbar Symptome der damals in Deutschland verbreiteten Malaria quartana. Sie trat entlang großer Flüsse sowie in Niederungen und Feuchtgebieten auf. Friedrich hatte sie sich sehr wahrscheinlich während der Kronprinzenjahre in Rheinsberg am Grienericksee zugezogen (zwischen 1736 und 1740).

In den Jahren, die ihm noch blieben, wurde der Monarch zusehends einsamer. Seine Vertrauten starben teilweise jung. Fredersdorff heiratete mit königlicher Erlaubnis eine reiche Erbin, die aber – wie er Friedrich versicherte – nur zu seiner Pflege da sein sollte und, wie ihr Enkel Achim von Arnim später bekräftigte, während dieser Ehe Jungfrau blieb. Trotz all ihrer Mühe starb jedoch der Geheime Kämmerer im Alter von nur 50 Jahren. Graf Algarotti wurde auch nur 51 Jahre alt. Die Rückkehr in das warme Klima der italienischen Heimat hat ihm leider nichts mehr genutzt. Er war der Lungentuberkulose erlegen. Mit anderen Freunden zerstritt sich der König, so dass er sich zum Schluss hauptsächlich seinen Tieren widmete. Ein Ausritt auf dem Lieblingspferd war immer drin, auch wenn es ihm schlecht ging. Und regelrecht verwöhnt wurden Friedrichs Hunde, die stets derselben Rasse angehörten. Es waren Windspiele, die nach ihrem Tod in kleinen Grüften auf der Terrasse von Sanssouci beigesetzt wurden und in deren Nähe auch er einst die ewige

Ruhe finden wollte. Ein eigens dafür angestellter Koch bereitete das Fressen für die Tiere zu, und ein Lakai, der die Hunde siezen musste (!), war für deren körperliches Wohl zuständig.

Wenige Monate vor seinem Tod traten bei König Friedrich Ödeme auf, die zeigten, dass auch er das hohenzollernsche Übel der Herzinsuffizienz mit daraus folgender Wassersucht geerbt hatte, wenn auch nicht in dem Ausmaß wie sein Vater. Da er im Bett liegend zu sehr unter Atemnot litt, schlief der Monarch bald nur noch in einem Sessel. Hier endete auch sein Leben, wobei ihm ein harter Todeskampf erspart blieb. Man schrieb den 17. August 1786.

Während Friedrichs Neffe, der Sohn seines verstorbenen Bruders August Wilhelm (genannt Wilhelm), nun als Friedrich Wilhelm II. Preußens Thron bestieg, betrat Friedrichs Witwe Elisabeth Christine nun wieder verstärkt die höfische Bühne. Sie wurde nicht müde, zu beteuern, sie sei die große Liebe des bedeutenden Herrschers gewesen, was ihren Zuhörern – die es besser wussten – nur ein müdes Lächeln entlockte. Immerhin waren der Königin noch ein paar schöne Jahre vergönnt, in denen niemand mehr wagte, sich ihr gegenüber respektlos zu zeigen. Sie starb 1797 im Alter von 81 Jahren und wurde in der Hohenzollerngruft des Berliner Doms beigesetzt.

Abschließend bleibt festzuhalten: Friedrich der Große mühte sich unter persönlichem Einsatz, sein Land in jeglicher Hinsicht nach vorn zu bringen, nachdem er es in den Kreis der tonangebenden europäischen Mächte eingereiht hatte. Ihm diese Größe – schon zu seinen Lebzeiten tauchte die Bezeichnung »der Große« als Beiname für den Preußenkönig auf – abzusprechen, wäre ungerecht.

Charlotte *Albertine*

(*5.5.1713 - †10.6.1714)

Der kleinen Charlotte Albertine erging es wie ihren unglücklichen Brüdern: Sie wurde das dritte Opfer der leidigen Fieberkrämpfe, die sich beim Zahnen einstellten. Ihr kleiner, recht schmuckloser Sarkophag steht direkt neben dem prunkvollen des Erstgeborenen Friedrich Ludwig im Berliner Dom. Der Hofmaler Antoine Pesne hatte ein Porträt des Kindes geschaffen, das die Mutter in ihrem Sommersitz Monbijou aufhängte, das heute jedoch als verschollen gelten muss. Unwiederbringlich zerstört ist hingegen die lebensechte Wachsfigur der Kleinen, die bis zum Zweiten Weltkrieg im Hohenzollern-Museum zu sehen gewesen war und, ebenso wie die Darstellungen der verstorbenen Brüder Albertines, von Charles Claude Dubut stammte. Das Mädchen war dort mit einem Papagei spielend dargestellt.

Charlotte Albertine;
Wachsporträt von C. C. Dubut, 1714

Friederike Luise Wilhelmine
(*28.9.1714 - †4.2.1784)

Von den Töchtern des preußischen Königspaares war Friederike am meisten nach dem Vater geraten. Mit ihrer Unbeherrschtheit, mitunter derben Ausdrucksweise und vorschnellen Urteilen wirkte sie wie ein Spiegelbild Friedrich Wilhelms, der ihr vieles nachsah und sie zärtlich »Ike« oder »Ickerle« nannte. Später kam zu den genannten Eigenschaften noch ein stark ausgeprägter Standesdünkel hinzu, den sie sich bei der Mutter abgeschaut hatte.

Als Kind wurde Friederike gemeinsam mit den Schwestern Charlotte und Sophie erzogen. Hierfür zuständig war vor allem die Tochter der alten Madame de Rocoule, Marthe du Maz de Montbail (1681-1752), die aus der ersten Ehe ihrer aus Frankreich geflüchteten hugenottischen Mutter stammte und beruflich in deren Fußstapfen getreten war. Friederikes Gouvernanten waren häufig zu gutmütig, die Eltern zu zerstritten, und im großen Ganzen interessierte die »überzählige« Tochter, schon aufgrund ihres Geschlechts eine Enttäuschung, niemanden wirklich. Dies blieb natürlich nicht ohne Auswirkungen auf den Menschen, der da inmitten der Hofintrigen heranwuchs.

Friederike war nicht unmusikalisch, wenn auch nicht so begabt wie ihr Bruder Friedrich oder die Schwester Anna Amalie. Sie lernte schon früh Klavier spielen, übte dies aber mit zunehmendem Alter zunehmend nicht mehr selbst aus, sondern ließ sich eher von Hofdamen unterhalten. Französisch sprach sie bedeutend lieber als deutsch – sogar ihre Korrespondenz mit dem Vater, der ja sonst auf sein Deutschtum großen Wert legte, ist in dieser Sprache gehalten.

Friederike Luise;
Ölbild von J. C. Sperling, um 1742

Schon sehr früh wurde eine eheliche Verbindung für »Ickerle« angebahnt. Konsequent verfolgte der Soldatenkönig den Plan, kleinere Fürsten rund um das eigene Territorium durch Heirat an Preußen zu binden und eventuell sogar solche Länder dem eigenen durch Vererbung einzuverleiben. Dem Standesbewusstsein der Königin lief dieses Bestreben zuwider: Sie wollte ihre Kinder nur mit Gleichgestellten, sprich mit Königen anderer Reiche vermählt sehen. So war der Ärger programmiert, als 1727 der erst 15-jährige Prinz Karl Wilhelm Friedrich von Brandenburg-Ansbach auf Brautschau nach Berlin reiste, um Friederike in Augenschein zu nehmen.

Betrachtet man die Jugendporträts der Prinzessin, dann gewinnt man den Eindruck, sie habe sicherlich zu den Schönsten unter den Preußen-Töchtern gezählt. Ihre ältere Schwester Wilhelmine bescheinigte ihr »die Züge eines Engels«. Was man auf den Bildern des Hofmalers hingegen nicht sieht, sind die schiefen Zähne der Prinzessin, ihre außerordentlich kleine und magere Gestalt sowie eine Gehbehinderung in Form leichten Hinkens. Letzteres verdankte sie, wie hinter vorgehaltener Hand kolportiert wurde, einer Prügelattacke ihres cholerischen Vaters, die dauerhafte Wirkung hinterlassen hatte.

Der in Aussicht genommene Bräutigam zeigte sich jedenfalls wenig begeistert von der Dreizehnjährigen. Karl war ohnehin nur auf Druck seiner Mutter sowie des Soldatenkönigs an den preußischen Hof gekommen.

Der junge Mann, am 12.5.1712 in Ansbach geboren, war der einzige Erbe seiner Eltern, des Markgrafen Wilhelm Friedrich (1686-1723) und dessen Cousine Christiane Charlotte von Württemberg-Winnental (1694-1729). Schon als Kind hatte sich Karl sehr ungebärdig gezeigt und seine Lehrer zur Verzweiflung gebracht, da er jegliches Erlernen von Dingen, die ihn nicht interessierten, als unter seiner Würde erachtete. Außerdem verhielt er sich jähzornig und unkontrolliert. Die Lage verschlimmerte sich, als der Junge mit elf Jahren den Vater verlor. Keiner der Erzieher und Höflinge wollte es sich mit dem jugendlichen Markgrafen verderben, für den zunächst noch seine Mutter als Regentin in die Bresche sprang. Bald schon hörte er auch auf sie immer weniger, welche Haltung sich noch verstärkte, als die Markgräfinwitwe 1724 schwer erkrankte, vermutlich an Magenkrebs. Doch an einer Notwendigkeit kam Karl nicht vorbei – er sollte auf Geheiß der Mutter so früh wie möglich heiraten, um Erben zu zeugen, am besten eine Königstochter – in Preußen gab es deren mehrere –, die außerdem noch eine üppige Mitgift für das völlig überschuldete Ländchen mitbringen würde.

Prinz Karl hielt während seines Berlinaufenthaltes trotz seiner erst 15 Jahre im Tabakskollegium des Soldatenkönigs wacker mit und schaffte es sogar, diesen noch unter den Tisch zu trinken. Friedrich Wilhelm bedachte den Jugendlichen daraufhin mit lobenden Worten und befand ihn als Mann für seine »Ike« als geeignet. Karl und Friederike wurden miteinander verlobt, und die 13-jährige trat vom Calvinismus zum Luthertum über.

Zwei Jahre später, am 30.5.1729, wurde mit großem Pomp in Berlin wiederum Hochzeit gefeiert. Friederike genoss es weidlich, dass sie als Erste der Preußen-Schwestern heiraten durfte – nicht etwa die ältere Wilhelmine – und vom Bräutigam mit kostbaren Geschenken bedacht wurde. Zehn Tage lang schwelgte der sonst so sparsame Berliner Hof in Feierlichkeiten mit über 300 Gästen, schließlich ging es um die angebliche Lieblingstochter des Königs. Und man gedachte, den armen Verwandten der fränkischen Hohenzollern-Nebenlinie zu zeigen, wer hier zu bestimmen hatte.

Vom ersten Tag an nahm die Ehe einen unglücklichen Verlauf. Schon während der Heimreise nach Ansbach ignorierte Karl seine junge, verschüchterte Gemahlin nach Kräften. Immer wieder ließ er die ihm aufgezwungene Frau, auch und gerade in der Öffentlichkeit, spüren, dass er in keiner Weise gedachte, Rücksicht auf sie zu nehmen, und sie darüber hinaus auch nicht für sonderlich attraktiv hielt.

Gleich nach seiner Rückkehr wurde der 17-jährige Markgraf für volljährig erklärt und übernahm offiziell die Regierung des kleinen Landes. Seine Mutter bemühte sich, noch einige Vermögenswerte wie beispielsweise ihren kostbaren Schmuck seinem Zugriff zu entziehen, doch sie starb ein halbes Jahr später. Nun standen Karl und Friederike, zwei unreife Teenager ohne jegliche Lebenserfahrung, an der Spitze eines süddeutschen Staates.

Markgraf Karl von Brandenburg-Ansbach und Friederike Luise von Preußen; Ölbild von A. Pesne, 1729

Uneigennützige Ratgeber fanden die beiden leider nicht, wobei Karl ohnehin schon von Natur aus ziemlich beratungsresistent war. Und so dauerte es nicht lange, bis das Paar im Intrigensumpf des Hofes unterging. Der jähzornige junge Herrscher, der nie gelernt hatte, Rücksicht auf andere Menschen zu nehmen, sprach dem Alkohol mehr zu, als ihm guttat, und beging dann so manche Dummheit oder Brutalität, derer er sich später insgeheim schämte. Von geistigen Interessen konnte bei ihm kaum die Rede sein. Eigentlich beherrschte hauptsächlich ein Thema das Denken des Markgrafen, und das war die Beizjagd. Allein 41 Bedienstete kümmerten sich um die Falken, mit denen Karl auf die Pirsch ging. Täglich mussten für die Jagdfalken allein 115 Tauben als Futter beschafft werden.

Friederike konnte sich für den blutigen Sport ihres Gatten nicht im geringsten begeistern. Ihre undiplomatische Art, ihr Hochmut und das Beharren auf der Anrede »Königliche Hoheit« – wohingegen ihr Mann nur als »Durchlaucht« tituliert wurde – machten sie zunehmend unbeliebt. Natürlich kam heraus, dass sie sich mit ein paar Hofdamen heimlich über den jagdvernarrten Karl lustig gemacht und ihn vor anderen parodiert hatte. Die Damen kostete das den Job, und Friederike wurde nun noch respektloser behandelt als zuvor. Sie erkannte, dass nur ein Mittel Abhilfe schaffen konnte: Sie musste schwanger werden und möglichst männlichen Nachwuchs gebären.

Im Herbst 1731 fuhr das Markgrafenpaar zu einem längeren Aufenthalt nach Berlin. Dort stand die Hochzeit von Friederikes

Schwester Wilhelmine mit dem Erbprinzen von Bayreuth an. Das bedeutete, dass die vier jungen Leute demnächst unmittelbare Nachbarn sein und sich gegenseitig öfters besuchen würden. Davor grauste es Friederike, hatte sie doch kein allzu gutes Verhältnis zur älteren Wilhelmine. Diese musste allerdings erst einmal immer wieder eingreifen, um auszubügeln, was ihr jugendlicher Schwager angerichtet hatte, der in Berlin alles tat, um sich daneben zu benehmen.

Kaum war man nach Ansbach heimgekehrt, verliebte sich Karl in die Tochter eines Mühlknechts (nicht eines Falkners, wie früher oft kolportiert) aus Bronnamberg/Cadolzburg, Elisabeth Wünsch (1710-1757). Sie sollte die Frau seines Lebens werden, ungeachtet der Tatsache, dass er ihr nicht treu blieb. Elisabeth arbeitete in der Hofapotheke und wurde vom Hofmarschall und von einem Kammerherrn ganz gezielt dem Markgrafen »empfohlen«. Bereits im Herbst 1732 lebte die 22-Jährige in Räumen des Ansbacher Schlosses. Doch bald quartierte Karl die neue Gefährtin in dem abgelegenen Waldschloss Georgenthal bei Haundorf ein, das heute nicht mehr existiert. Er setzte Elisabeth Wünsch eine monatliche Rente aus, die einem Ministergehalt gleichkam, während er seine Ehefrau Friederike immer mehr kaltstellte.

Es ist des öfteren behauptet worden, der Markgraf sei zum Bigamisten geworden, indem er seine Geliebte unter falschem Namen in der Kirche von Haundorf geheiratet habe. Diese Behauptung entspricht jedoch nicht der Wahrheit. Möglicherweise handelte es sich bei ihr um ein Missverständnis, da Karl bei der Geburt seiner vier Kinder, die er mit Elisabeth zeugte, bei deren Taufe als Vater »Unteroffizier Johann Wilhelm Falk« ins Haundorfer Kirchenbuch eintragen ließ. Im Laufe der Jahre legte sich der Herrscher eine Zweitfamilie zu: Friedrich Karl (1734-1796), Wilhelmine Eleonore (1743-1768), Louise Charlotte (1746-1747) und Friedrich Ferdinand Ludwig (1748-1811) wurden gut ausgestattet und finanziell abgesichert. Zusätzlich ließ Karl die Söhne durch den Kaiser zu Reichsfreiherren von Falkenhausen erheben.

Elisabeth Wünsch teilte, im Gegensatz zu Markgräfin Friederike, Karls Interesse an der Falkenjagd. Menschlich gesehen war sie ein Gewinn für ihn, da ehrlich, treu und ohne Neigung zu Intrigen. Von der Politik hielt sie sich gänzlich fern und trat niemals bei Hof in Erscheinung. Friederike erfuhr natürlich trotzdem von der Existenz der Nebenbuhlerin und regte sich über diese auf – allerdings weniger über die Tatsache, dass der Gemahl sie betrog, sondern dass dies mit einer Frau von in ihren Augen niedriger Herkunft geschah. So tat die Markgräfin alles, um Wünsch anzuschwärzen, weswegen Friederikes Schwester und Bayreuther Nachbarin Wilhelmine diese in ihren Memoiren boshaft und ungerecht darstellte.

Lange wagte es niemand, den Preußenkönig über all das zu informieren. Immer wieder fragte Friedrich Wilhelm I., warum seine Tochter nicht bei ihrem Gemahl lebe, eine Frau gehöre doch an die Seite ihres Mannes. Dass es genau umgekehrt war, dass also Markgraf Karl nicht unter einem Dach mit seiner ihm ehelich Angetrauten lebte, sondern auf dem Wohnsitz seiner Zweitfamilie, das bekam der gestrenge Schwiegervater erst spät heraus.

Endlich aber geschah doch noch das Unerwartete, und der junge Ansbacher Herrscher bekam vier Jahre nach der Hochzeit mit Friederike ein Kind, zur Erleichterung aller sogar einen gesunden Sohn. Der Kleine, am 7.4.1733 in Ansbach geboren, wurde Karl Friedrich August getauft. Als Anerkennung ihrer Leistung zur Sicherung der Dynastie schenkte der Markgraf seiner Gemahlin Schloss und Gut Unterschwaningen. Beides sollte in späteren Jahren noch wichtig für Friederike werden. Eine Weile gab es zwischen den Ehegatten eine Art harmonischen Einverständnisses, doch echte Liebe hatte zwischen beiden nie existiert und sollte sich auch zu keiner Zeit entwickeln. Immerhin schaffte es das Paar, noch einen weiteren Sohn zu bekommen. Am 24.12.1736 gebar Friederike Christian Friedrich Karl Alexander, der später seinem Vater nachfolgen und zusätzlich auch das Territorium der Bayreuther Nachbarn beherrschen sollte. Danach jedoch war es mit Glück und Kindersegen vorbei: Drei aufeinanderfolgende Fehlgeburten Friederikes beeinträchtigten ihre physische wie psychische Gesundheit, und ihr Gemahl entfremdete sich immer weiter von ihr.

Abgesehen von Karls Ärger darüber, dass er bei der Auswahl seiner Ehefrau fremdbestimmt gewesen war, gab es eine Menge weiterer Gründe für immer schlimmere Zerwürfnisse mit Friederike. Die junge Frau wurde geradezu zerrieben zwischen den Ansprüchen ihres Vaters und denen ihres Gemahls. Friedrich Wilhelm I. hatte seine Tochter zu absolutem Gehorsam erzogen, sein Wort hatte für sie Gesetz zu sein. Vor, während und nach der Übersiedlung in die neue Heimat hatte der Soldatenkönig Friederike dann eingeschärft, dass sie nun als Ehefrau ihrem Gemahl den gleichen Gehorsam schuldig sei. Wann immer Beschwerden über das Gebaren des Ansbacher Markgrafen nach Berlin drangen, wies der Preußenkönig alles zurück und gab die »Schuld« seiner Tochter, die eben nicht unterwürfig genug agiere.

Damit jedoch brachte er die junge Markgräfin in ein unlösbares Dilemma. Denn ihr Gemahl fügte sich – wenn überhaupt – nur sehr unwillig in die Rolle des armen Verwandten, der nach der Pfeife des Chefs der Dynastie zu tanzen hatte. Karl muckte auf, wo es ging, und er suchte eine eigene Politik zu treiben, unabhängig von der Richtung, die das übermächtige Preußen vorgab. Er pochte bei jeder Gelegenheit auf eine Souveränität, über die er aber in diesem Umfang gar nicht verfügte. Er ließ sich zum Ärger des Schwiegervaters auf Gedenkmedaillen in Augenhöhe mit diesem darstellen. In höchste Wut geriet Friedrich Wilhelm, als Karl gegen die Werbeoffiziere vorging, die der Soldatenkönig mit größter Selbstverständlichkeit auch in das Territorium Ansbachs ausschwärmen ließ. Sie sollten neue Rekruten beschaffen, am besten solche mit dem »Gardemaß« von 1,88 m Größe und mehr – auf solche »langen Kerls« war Friedrich Wilhelm ganz versessen. Und dabei gingen die Werber alles andere als zimperlich vor; oft wurden Männer sogar erpresst oder entführt.

Zwischen den beiden Sturkopfen Karl und Friedrich Wilhelm stand nun die hilf- und machtlose Friederike, die auf keinen der beiden Männer nennenswerten Einfluss ausübte, aber Wut und Enttäuschung über das Handeln des jeweils anderen ausbaden musste. Das ohnehin angeschlagene Nervenkostüm der ungeliebten Frau wurde über viele Jahre stets weiter strapaziert.

Ob ihre Geschwister – zumindest einige davon – ihr durch einen Briefwechsel Trost und Rat bieten konnten, ist schwer abzuschätzen. Am nächsten stand Friederike ihre jüngere Schwester Charlotte, die nach Braunschweig verheiratet worden war. Dass es einen regen schriftlichen Austausch zwischen beiden gegeben haben muss, der heutzutage ver-

Markgraf Karl von Brandenburg-Ansbach;
Ölbild von J. C. Fillitsch, um 1730

schollen, vielleicht vernichtet ist, lässt ein einziges noch erhaltenes Schreiben und sein Inhalt vermuten, das im Geheimen Staatsarchiv Preußischer Kulturbesitz zu Berlin aufbewahrt wird.

Das Schlimmste, was einer Mutter passieren kann, erlebte Markgräfin Friederike im Mai 1737. Hatte sie sich noch nach der Geburt ihres zweiten Sohnes etwas entspannen können, weil die Erbfolge gesichert schien, und hatte man ihr daher endlich etwas mehr Respekt entgegengebracht, so kam leider bald schon die nächste Katastrophe. Erbprinz August, der zur Freude des Vaters und des Großvaters – hier waren sich die Kontrahenten einmal einig – gerne Soldat spielte, erkrankte kurz nach seinem vierten Geburtstag. Eigentlich ein gesunder – wenn auch vom Temperament her wie sein Vater schwieriger – Junge, der auch schon (vermutlich von dem Hofmaler Sperling) in Uniform gemalt worden

Markgräfin Friederike Luise;
Ölbild von A. Pesne, um 1730

war, bekam er im Frühjahr einen heftigen Katarrh, begleitet von unstillbarem Erbrechen und Schweißausbrüchen. Am Nachmittag des 9.5.1737 verstarb August. Nun hing die Zukunft des kleinen Landes von Alexander ab, einem Kleinkind von 14 Monaten und eher schwacher Konstitution.

Da die Obduktion des Erbprinzen nichts erbrachte, was auf Vergiftung hinwies, der Markgraf jedoch in seiner maßlosen Wut und Trauer einen Sündenbock suchte, schob er seiner Gemahlin die Schuld an Augusts Tod zu und verbannte sie von der gemeinsamen Tafel. Es ist aber nicht auszuschließen, dass die Markgräfin sich auch aus eigenem Entschluss von dort zurückzog. Ansonsten nahm Karl das gewohnte Leben mit exzessiven Jagdausflügen und der Zweitfamilie wieder auf. Seine physisch wie psychisch angeschlagene Gattin interessierte ihn sexuell nicht einmal mehr höflichkeitshalber, denn er erwartete von ihr in puncto Nachwuchs nicht mehr viel.

Doch auch die Lebensgefährtin Elisabeth Wünsch musste schwere Zeiten durchmachen. Als hätte er etwas nachzuholen oder als müsste er Selbstbestätigung suchen, lebte der Herrscher immer promiskuitiver. Der Diplomat Joachim von Klinggräff berichtete dem Preußenkönig über den Ansbacher Schwiegersohn, Karl habe drei Hauptmätressen: Elisabeth Wünsch, die allgemein nur »Bettliesel« genannt werde, ferner die Tochter des Ansbacher Amtsschreibers Wagner sowie Martha, die 15-jährige Tochter des Hofmalers Zierl. Letztere verdiente sich auch als Gelegenheitsprostituierte Geld und infizierte den Markgrafen mit einer Geschlechtskrankheit, die »nur unter Anwendung zerstörender Mittel bekämpft werden konnte«. Im Zusammenhang mit dem Sturz des Residenzhofjuden Isaac Nathan Schwabacher, der ebenfalls Marthas Gunst genossen hatte, wurde das Mädchen am 8.9.1740 verhaftet und auf der Wülzburg eingekerkert. Dort starb Martha Zierl mit 18 Jahren, ohne die Freiheit wieder erlangt zu haben.

Der Markgraf steckte Elisabeth Wünsch mit der venerischen Krankheit an, die er sich zugezogen hatte. Dies hatte dramatische Folgen: Die Mutter seiner Zweitfamilie wurde nur 47 Jahre alt. In der Kirche von Buch wurde sie beigesetzt. Ihre Nachkommen allerdings, die Freiherren von Falkenhausen, haben die Familie bis in die Gegenwart fortgesetzt, während die Linie der Ansbacher Markgrafen ausstarb.

Das Jahr 1740 brachte auch für Friederike Luise Veränderungen. In Preußen erlag ihr Vater den Krankheiten, die er sich durch seinen unmäßigen Lebensstil zugezogen hatte, und der ältere Bruder bestieg als Friedrich II. den Thron. Freilich ging der Kleinkrieg zwischen dem Gemahl, der sich auch von dem neuen Chef der Hohenzollerndynastie nichts vorschreiben lassen wollte, und seinem Souverän weiter wie gehabt. Friedrich der Große verabscheute den Ansbacher Schwager, den er für ungebildet, stur und launisch hielt. Er behandelte ihn ähnlich, wie es der verstorbene Soldatenkönig getan hatte, vielleicht sogar noch eine Spur verächtlicher. Die Leidtragende, die zwischen allen Stühlen saß und von den einander widerstreitenden Interessen der Parteien zermürbt wurde, war Friederike.

Ihr Verhältnis zu Friedrich, das bislang nicht sonderlich eng gewesen war, entwickelte sich insbesondere wegen der militärischen Erfolge in den Kriegen, die der Bruder führte, zu einer regelrechten Verehrung. 1743 besuchte er sie, zehn Jahre später fuhr Friederike zum König nach Berlin. Die Markgräfin brachte ihm Unterwürfigkeit und Respekt entgegen, was sich auch in der Korrespondenz beider niederschlug. Anfangs bekam sie schriftlich dieselben Plattitüden zu hören wie ehedem vom Vater – sie müsse dem Mann gegenüber stets widerspruchslos nachgeben –, doch mit den Jahren kamen sich die Geschwister menschlich näher, als Friedrich zunehmend vereinsamte und vertrauenswürdige Menschen mit gemeinsamer Vergangenheit um sich sammeln wollte. Das hinderte Friedrich freilich nicht daran, seine Ansbacher Schwester tüchtig über's Ohr zu hauen: Er zahlte ihren Erbteil in fast wertlosen Münzen aus. Als man die Getäuschte von dritter Seite darauf aufmerksam machte und sie zu Gegenmaßnahmen aufforderte, lehnte sie dieses Ansinnen entrüstet ab. Friederike wollte sich ihre Illusionen bewahren.

Auch in anderer Hinsicht vermochte sie zunehmend Realität und Wunschdenken nicht mehr auseinanderzuhalten. So sprach ein angeblich preußischer Oberst bei ihr vor, der im Siebenjährigen Krieg mit einer erfundenen Siegesmeldung König Friedrichs bei der Markgräfin auftauchte. Sie bewirtete den Gauner auf's Feinste, gab ihm eine ansehnliche Belohnung und ließ seinen »Tatsachen«-Bericht zum allgemeinen Amüsement als Druckschrift verbreiten.

Zu Beginn der 1750er Jahre erlebte die einsame Friederike tatsächlich noch so etwas wie eine, allerdings wohl platonische, Liebe: Der verheiratete Hofmarschall Wolf Reinhard Forstner von Dambenois (1702-1764) wurde ihr Vertrauter. Trotz ihrer Bitte, die an ihn gerichteten Briefe zu verbrennen, hat sich im Geheimen Staatsarchiv Preußischer Kulturbesitz in Berlin ein aufschlussreiches Konvolut erhalten.

Zunehmend wichtig wurde der einzig verbliebene Sohn Alexander, doch geriet seine Erziehung zu einer weiteren Quelle der Uneinigkeit zwischen dem Markgrafenpaar. Friederike bewies gesunden Menschenverstand, als sie die Meinung vertrat, nur in einer Republik könne ein zukünftiger Regent vorurteilsfrei ausgebildet werden. Und so setzte sie sich dafür ein, dass Alexander 1748 in die Niederlande reisen durfte. Das

Ergebnis bereitete der Mutter dennoch wenig Freude, geriet doch der Sprössling immer mehr nach seinem Vater. Schon in jungen Jahren trieb es der Erbprinz ziemlich bunt.

Um sein Sexualleben in geordnete Bahnen zu lenken, vermählte man ihn als 18-Jährigen gegen seinen Willen mit einer Prinzessin, die hübsch, aber langweilig und nicht sonderlich gebildet war. Markgraf Karl hatte Friederike Caroline von Sachsen-Coburg-Saalfeld als Gattin für den Nachfolger ausgewählt, weil deren Familie als absolut kaisertreu galt, was ihm zu jener Zeit politisch vorteilhaft erschien. Die Ehe wurde zum Desaster. Alexander kümmerte sich schon bald überhaupt nicht mehr um seine häusliche, biedere und fromme Frau, die auf Schloss Bruckberg abgeschoben wurde und dort einsam ihre Tage zubrachte. In ihrer Not schlossen sich Schwiegermutter und -tochter zusammen und kamen – wer hätte es gedacht – recht gut miteinander aus.

Zu oft aber war die labile Friederike in einem ewigen Aufundab Phasen der Hoffnung ausgesetzt gewesen, die dann doch wieder bitter enttäuscht worden waren. Ärger und Missachtung schlugen auf ihre Gesundheit. Kein Wunder, dass ihr buchstäblich die Galle überlief und sie mit diesem Organ fortwährend Probleme hatte. Doch auch der ihr gänzlich entfremdete Gemahl, der sich durch seinen Lebensstil ein Alkoholproblem sowie erhebliches Übergewicht zugezogen hatte, verbunden mit viel zu hohem Blutdruck, kämpfte mit dem Schicksal. Mit 45 Jahren erlitt Karl in seiner Sommerresidenz Triesdorf am 3.8.1757 einen Schlaganfall, dem er auf der Stelle erlag. Als sein Sarg nach Ansbach geleitet wurde, machte sich das Volk mit Pfiffen, Spott und Schmähreden Luft.

Friederikes Trauer war, wie ihre Schwester Charlotte lakonisch festhielt, verständlicherweise nicht sonderlich groß. Allerdings brachen auch jetzt keine goldenen Zeiten für die Witwe an. Hatte der einzige Sohn sie eben noch als Verbündete gegen den uneinsichtigen Vater gebraucht, stellte er jetzt die Mutter kalt, da er als neuer Herrscher von 21 Jahren sich nicht vorwerfen lassen wollte, auf diese zu hören.

So zog sich die Witwe auf ihr Schloss Unterschwaningen zurück, wo sie Freude und Beschäftigung dabei fand, aktiv als Gutsherrin zu wirken. Friederikes väterliches Erbteil kam nun zum Tragen, als sie die Prinzipien des »großen Plusmachers« in die Praxis umzusetzen versuchte, vieles davon mit Erfolg. Das Bier aus eigener Brauerei wurde als äußerst wohlschmeckend gelobt. Auch was Geldgeschäfte anging, betätigte sich Friederike engagierter, als es damals für Adlige als schicklich galt: Die erwirtschafteten Gewinne investierte sie wieder, handelte u.a. mit Immobilien und legte Werte in Form von kostbarem Schmuck an. Wenn sie einmal größere Summen verlieh, dann zu solchen Konditionen, dass es ihr mit Sicherheit zum Vorteil gereichte. Friederike hatte überdies jahrzehntelang vergleichsweise sparsam gelebt, dazu noch beim Tod der Eltern geerbt – und die Riesenschulden, die ihr verstorbener Mann aufgehäuft hatte, waren nun das Problem des Sohnes, der ihm nachgefolgt war, nicht ihres. In ihrer Bibliothek befanden sich eine große Anzahl ökonomischer Werke, die die Markgräfin auch gelesen hat. Sie zeigte sich stets wohlinformiert über Warenwerte und aktuelle Preise.

Zunehmend tuschelte man über das Verhalten der Witwe, die sich jetzt nicht mehr alles vorschreiben ließ. So nahm man beispielsweise Anstoß daran, dass sie auf ihrem Gut gerne in Soldatenstiefeln umherging – schockierend für eine Frau, obwohl zweckmäßig und bequem. Als der Nachbar Karl Eugen, Herzog von Württemberg, am Hof erschien, blieb Friederike ohne Entschuldigung fern, weil sie den selbstherrlich

Residenzschloss Ansbach

auftretenden Mann nicht ausstehen konnte. Das verstand ihre Umgebung nicht gerade unter Contenance, doch zu viel Kraft hatte es Friederike gekostet, sich immer wieder zusammenzureißen und der Welt eine Rolle vorzuspielen, die ihr kaum noch jemand abnahm.

Friederike Luise; Ölbild von J. L. Schneider, um 1753

Dem Sohn Alexander beim Regieren zuzuschauen, bedeutete kein reines Vergnügen. Er öffnete die Schlosstore weit für ständig wechselnde Mätressen und stand seinem Vater in puncto Ausschweifungen in nichts nach. Um 1763 brach bei seiner Mutter eine Gemütskrankheit aus, die schubweise verlief und sich in stets zunehmenden Auffälligkeiten bemerkbar machte. Der beunruhigte Alexander korrespondierte darüber mit seinem Onkel, dem König. Friedrich II. nahm insofern Anteil, als er nicht zögerte, seinen Leibarzt nach Ansbach zu schicken.

Friederike durchlebte depressive Phasen, in denen sie kaum ihr Bett verließ. Schon in den Jahren zuvor stets mager und zierlich, verlor sie gefährlich an Gewicht. Dann wiederum gab es Anfälle unkontrollierbarer Wut, während derer die einstige Markgräfin alles kurz und klein schlug. Sie führte lange Selbstgespräche und glaubte mitunter Gespenster wahrzunehmen, ebenso Höllenvisionen, bei denen sie Menschen mit flammenden Haaren zu erblicken wähnte. Dem Sohn war dies peinlich. Er verbot seiner Mutter daher nicht nur das Reisen, sondern sogar Besuche in Ansbach. Im Grunde genommen war Friederike die letzten 20 Lebensjahre auf ihrem Schloss Unterschwaningen wie eine Gefangene interniert, umsorgt von einem 30 Köpfe umfassenden Personal. Hinter ihrem Rücken betrieben die mit ihr auf's Land verbannten Bediensteten einen schwunghaften Weinhandel mit den edlen

Tropfen, die sie großzügig beschaffen ließen – in Mengen, die ein so kleiner Hofstaat nie verbrauchen konnte.

Schließlich zog sich die entkräftete Frau, die an ihrem wenig beneidenswerten Schicksal zerbrochen war, eine Lungenentzündung zu, der sie am 4.2.1784 im Alter von 69 Jahren erlag. Friederike wurde in der Fürstengruft der Ansbacher Johanniskirche beigesetzt. Doch da allzu große Feuchtigkeit dort die Särge angriff und u.a. die Zinnpest auslöste, wurde ihr Sarkophag 1976 in die benachbarte St. Gumbertuskirche überführt. Dort ruht er in einer Gruft unter der Schwanenritterkapelle zwischen den Gräbern der anderen Ansbacher Markgrafen.

Es bleibt noch nachzutragen, dass mit Friederikes einzig überlebendem Sohn Alexander die Linie Brandenburg-Ansbach erlosch. Er hatte keine legitimen Nachkommen und sehnte sich mit der Zeit mehr und mehr danach, abseits aller politischen Wirren ein ruhiges Leben mit nur noch einer Frau an seiner Seite zu führen. Und so heiratete er nach dem Tod seiner unglücklichen Gemahlin Friederike Caroline (1791) in Lissabon die englische Abenteurerin Lady Eliza Craven, die schon über lange Jahre seine Mätresse gewesen war. Zugleich dankte Alexander als Herrscher ab und siedelte mit seiner neuen Frau in deren alte Heimat über. Ansbach fiel, ebenso wie die seit 1769 von ihm regierte Markgrafschaft Bayreuth, an Preußen: In einem Geheimvertrag trat der regierungsmüde Herrscher seine beiden Territorien an Preußen ab und ließ sich dafür eine jährliche Leibrente von 300.000 Gulden auszahlen. 1806 starb er 70-jährig auf Schloss Benham/Speen. Die Rechnung des Soldatenkönigs war aufgegangen, wenn auch erst lange nach dessen Tod.

Philippine *Charlotte*

(*13.3.1716 - †16.2.1801)

Am preußischen Hof sollte sie in ihrer Kindheit und Jugend als fröhlicher Wirbelwind gelten, als jung verheiratete Frau lobten die Schwiegereltern sie wegen ihres humorvollen Wesens über alle Maßen. Doch Charlotte hatte zwei Gesichter. Ähnlich wie bei ihrer Mutter Sophie Dorothea zählten die reichlich vorhandenen Kinder nur so viel, wie sie auf dem Heiratsmarkt einbrachten. »Ich verfluche den Tag, an dem ich sie gebar«, schrieb Charlotte eiskalt, als ihre Tochter Elisabeth Christine Ulrike von Friedrich Wilhelm (II.) von Preußens – ihrem Cousin – geschieden und in die Einsamkeit der Verbannung geschickt wurde.

Drei überlebende Kinder hatte das preußische Monarchenpaar, als die vierte Tochter zur Welt kam. Ihr Rufname lautete Charlotte, ihr familiärer Spitzname »Lottine« oder auch »Lolotte«. Gemeinsam mit der zwei Jahre älteren Friederike wurde sie von Fräulein de Montbail erzogen. Dadurch wurde bereits in dieser frühen Zeit ihre Vorliebe für alles Französische geweckt. Zeitlebens beherrschte die spätere Herzogin diese Sprache besser als das Deutsche. Ihr heiteres Wesen brachte so manches Mal etwas Entspannung in die von Streit und Intrigen geprägte Welt der königlichen Familie. Charlotte entwickelte als Familienclown geschickt Strategien der Selbstbehauptung, verstand es aber auch, sich auf die Seite des jeweils gerade Tonangebenden zu stellen. Dabei trat immer deutlicher ein Wesenszug zutage, den sie mit dem Bruder Friedrich und der Schwester Wilhelmine teilte: eine ungehemmte Spottsucht. Die Bayreuther Markgräfin hielt in ihren Memoiren fest: »Sie war diejenige der Schwestern, die ich am meisten liebte. Sie hatte mich durch ihr einschmeichelndes Wesen, ihre Munterkeit und ihren Geist betört. Ich kannte ihr Inneres nicht, sonst hätte ich meine Freundschaft einem würdigeren Gegenstand zugewandt. Sie gehörte zu jenen Charakteren, die sich um nichts als sich selber kümmern, ohne Halt, maßlos spöttisch, falsch, eifersüchtig, etwas kokett und sehr eigennützig, aber stets freundlich, gefällig und sanft.«

Als die Verbindung des preußischen Königshauses mit dem Hause Braunschweig-Bevern beschlossene Sache und der Kronprinz mit der

Philippine Charlotte;
Ölbild von A. Pesne (Werkstatt), um 1742

jungen Elisabeth Christine verlobt worden war, schlug sich Charlotte auf die Seite der Mutter, der die ganze Angelegenheit, vor allem aber die Braut, ein Dorn im Auge war. »Sie ist das dümmste Tier zwischen Himmel und Erde. Auf alles, was man ihr sagt, antwortet sie ja oder nein und lacht dabei so einfältig, dass einem ganz übel wird«, schimpfte die Königin (laut den Erinnerungen Wilhelmines). »Die liebe Mutter kennt noch nicht einmal all ihre Verdienste«, beeilte sich die opportunistische Charlotte zuzustimmen. »Ich bin einmal des Morgens bei ihrer Toilette gewesen – sie ist ganz verwachsen; ihr Schnürleib ist auf der einen Seite ausgepolstert, und sie hat eine Hüfte höher als die andere.« Davon stimmte kein Wort. Das hinderte Charlotte freilich nicht daran, bald darauf in bestem Einvernehmen mit der bedauernswerten Braunschweigerin zu verkehren, die gleich in doppelter Hinsicht ihre Schwägerin wurde. Denn die Ehe zwischen Friedrich und Elisabeth Christine blieb 1733 nicht die einzige preußisch-braunschweigische Heiratsverbindung. Auf Wunsch des Vaters war Charlotte bereits 1730 mit dem Erbprinzen Karl von Braunschweig-Bevern verlobt worden, einem eher trockenen und phlegmatischen Zeitgenossen, der drei Jahre älter als sie war. Nur kurze Zeit hatte man, nachdem die Planungen für eine englische Doppelhochzeit spektakulär gescheitert waren, erwogen, Charlotte als Partnerin für den britischen Thronerben Frederick vorzuschlagen. Dann sprach der Soldatenkönig ein Machtwort, und alles nahm einen Verlauf nach seinem Sinn. Statt einer englischen Doppelheirat gab es 1733 eine braunschweigisch-bevernsche, womit Preußen sich an die Seite des Habsburger Kaiserhauses stellte, das durch die Gemahlin Karls VI. unmittelbar mit diesem Zweig der Welfen verwandt war. In Wien legte man nämlich Wert darauf, Verbündete gegen die Franzosen, aber auch gegen das im Osten drohende Osmanische Reich an sich zu ziehen.

Vor diesem Hintergrund wurde am 27.6.1733 in Berlin die Hochzeit gefeiert. Noch kurz vor der Trauung ließ Königin Sophie Dorothea ihrer Enttäuschung freien Lauf, dass ihrer Meinung nach schon wieder eine ihrer Töchter »unter Wert verkauft« wurde. Sie nannte Prinz Karl einen armen Schlucker ohne gesunden Menschenverstand und behauptete, Charlotte hätte ihr Glück an der Seite Fredericks, des Prince of Wales, machen können (was nie ernsthaft zur Debatte gestanden hatte, aber

Sophie Dorotheas Lieblingsthema war). Zum Glück keimte zwischen den Brautleuten so etwas wie Verliebtheit auf, die nach der Übersiedlung des Paares nach Wolfenbüttel der Prinzessin das Einleben erleichtern sollte. Noch bei der Verlobung am 19.5.1730 war der damals 17-jährige Erbprinz Karl so naiv und schüchtern gewesen, dass sein künftiger Schwiegervater ihn fast zwingen musste, seiner Braut einen Kuss zu geben. Anschließend, so erfahren wir aus dem Bericht eines Diplomaten, errötete der baumlange Hüne »dergestalt, dass er's den ganzen Abend nicht aus dem Gesicht verloren [...].«

Mit dieser Zurückhaltung sollte es bald vorbei sein. Das gute Einvernehmen zwischen Charlotte und Karl sollte zwar lebenslang andauern, verdankte sich aber nicht zuletzt der Langmut und der eisernen

Die Familie des Herzogs Ludwig Rudolph von Braunschweig-Wolfenbüttel (1671-1735), 1. Reihe v.l.n.r. ohne Kinder: Herzog Ludwig Rudolph, Ferdinand Albrecht (II.), Karl (I.), Philippine Charlotte von Preußen (mit Mandoline), Christine Luise von Oettingen und Antoinette Amalie von Braunschweig-Wolfenbüttel; Ölbild, Braunschweig, um 1733-1735

Contenance der geborenen Preußenprinzessin, die über die zahlreichen Affären ihres Gatten geflissentlich hinwegsah. Alle an sie herangetragenen Informationen über Karls Schürzenjägerei, später auch über feste Mätressen – manchmal zwei Damen zur selben Zeit – tat sie als Geschwätz und Verleumdung ab. Tatsächlich blieb Karl seiner Frau über Jahrzehnte nicht nur geistig, sondern auch sexuell verbunden, selbst als die Thronfolge längst gesichert war. Dreizehn Kinder bekam das Paar miteinander (fast so viele wie Charlottes Eltern!), deren Lebensläufe so unterschiedlich ausfallen sollten wie die von den Eltern erfahrene Zuneigung. Von ihnen wird gleich die Rede sein.

Doch allein schon wegen seines abenteuerlichen Schicksals wäre es ein Versäumnis, den einzigen unehelichen Sohn Karls nicht zu erwähnen, dessen Name an die Öffentlichkeit drang, den der herzogliche Vater allerdings nie offiziell anerkannte. Gegen Ende der 1740er Jahre verliebte sich Karl in Claire Desmarets, die Gemahlin des französischen Hauptmanns de Martigny. Der Offizier kam mit der Situation nicht zurecht und nahm sich, eifersüchtig bis zur Raserei, selbst das Leben. Währenddessen war Claire von Karl schwanger und gebar ihm am 8.7.1750 in Braunschweig den Sohn Christian Theodor. Als die Witwe mit Baron Georges-Henri de Pincier eine weitere Ehe einging, ließ sie das Kind von der Familie Pincier von Königstein, einem schwedischen Zweig der Adelssippe, adoptieren. Als Erwachsener suchte Christian Theodor als Soldat sein Glück in Kanada zu machen und sorgte mit diversen Ehefrauen und Geliebten für eine zahlreiche Nachkommenschaft, die bis heute blüht und gedeiht. Doch der Offizier verarmte im Alter und endete am 18.4.1824 in Sorel bei Quebec durch Suizid.

Sein Halbbruder Karl Wilhelm Ferdinand, mit Rufnamen wie sein Vater Karl geheißen (oder auch in modischem Französisch: Charles), wurde als legitimes Kind dagegen zum Mittelpunkt des Hofes, seine Existenz von allen willkommen geheißen. Er war der Erstgeborene seiner Eltern und damit Erbprinz im Hause der Herzöge von Braunschweig-Wolfenbüttel. Einen Monat zuvor hatte sein Vater den Thron bestiegen. Am 9.10.1735 zur Welt gekommen, sollte ihm später gelingen, was seine preußische Großmutter immer erstrebt, aber nie erreicht hatte: eine Verbindung mit England einzufädeln. Im Januar 1764 vermählte er sich mit der britischen Prinzessin Augusta, einer Tochter des als Heiratsobjekt so sehr begehrten Kronprinzen Frederick von Wales (der jedoch starb, bevor er überhaupt zur Regierung hätte gelangen können). Karl Wilhelm Ferdinand musste noch zu Lebzeiten seines Vaters umfangreiche Maßnahmen ergreifen, um die finanzielle Situation des Herzogtums zu retten. Er mühte sich als Regent, war aber auch wegen seiner Mätressenwirtschaft bekannt, da ihm die allzu schüchterne und farblose Augusta schon bald nichts mehr zu sagen hatte. Zu den bekanntesten Damen an seiner Seite zählen die von Goethe hofierte Maria Antonia von Branconi sowie Luise von Hertefeld, mit der er fast 30 Jahre lang zusammenlebte. Herzog Karl Wilhelm Ferdinand erlag als 71-jähriger am 1.11.1806 den Verwundungen, die er sich im Kampf gegen Napoleons Armee während der Schlacht von Auerstedt zugezogen hatte.

Es dauerte nicht einmal ein Jahr, bis sich am 26.9.1736 ein zweiter Sohn einstellte, der Georg Franz getauft und niederdeutsch-zärtlich »Görge« genannt wurde. In einem Brief an ihren Vater beschreibt ihn die junge Herzogin Charlotte als »ein hübsches Kind, [...]. Gott hatte bei ihm nichts vergessen.« Doch am 10.12.1737 schlug das Schicksal zu: »Das Kind ist an den Zähnen gestorben [= Fieberkrämpfe beim Zahnen], hinzu kam ein Husten und eine schreckliche Diarrhöe [= Durchfall]«, meldete die trauernde Mutter nach Berlin. Zu ihren Lebzeiten verfügte die Medizin noch über keine Mittel, um die genannten Symptome in den Griff zu bekommen. Heutzutage muss ein Kind normalerweise nicht mehr an derartigen Beschwerden sterben.

Zwei Monate vor dem Tod des Kleinen hatte Charlotte bereits das dritte Kind geboren, diesmal ein Mädchen namens Sophie Caroline (7.10.1737). Der preußische Großvater reagierte mit schrägem Humor, was seine Tochter kränkte und zu entschärfen suchte. Als 22-Jährige heiratete Sophie Caroline ihren wesentlich älteren Onkel Friedrich III. von Brandenburg-Bayreuth, den Witwer von Charlottes kurz zuvor verstorbener Schwester Wilhelmine. So blieb wieder einmal alles in der Familie, doch Kinder aus dieser Verbindung sollte es nicht mehr geben. Damit ging auch die Hoffnung dahin, dass das Markgrafentum Bayreuth selbstständig bleiben könnte, und ein weiterer Spross preußischer Vorfahren kam zum Zuge: Alexander, Markgraf im benachbarten Ansbach, übernahm auch die Herrschaft in Bayreuth. Sophie Caroline aber hatten die drei Jahre Ehe an der Seite des Onkels wohl schon gereicht. Sie zog sich 1763 nach Erlangen zurück und verzehrte ihre Witwenpension sage und schreibe fast 53 Jahre lang, ohne sich zu einer neuen Heirat überreden zu lassen. Sie förderte Kunst und Kultur nach Kräften, vor allem das Musikleben und das Theater in Erlangen. Doch auch die Universität profitierte von Sophie Carolines Großzügigkeit. Die Professoren mussten ihr neueste Erkenntnisse vortragen und sogar Experimente vorführen. Studenten durften an ihrer Tafel mitessen – allerdings nur, wenn sie von Adel waren. Wer solche Bedingungen nicht erfüllte, konnte sich immer-

Zweiarmige Girandolen aus dem Besitz von Philippine Charlotte mit den Initialen »PC« und dem preußischen Adler; J. B. Müller, Silber, Potsdam um 1740

hin noch darüber freuen, dass die ehemalige Markgräfin die Armenversorgungskasse der Stadt tatkräftig unterstützte. Glanz und Gloria brachten illustre Gäste, die immer mal wieder bei der munteren Witwe vorbeischauten. Mit zunehmendem Alter schlugen bei Sophie Caroline, ähnlich wie bei ihrer Mutter, Spottsucht und Schrulligkeit durch. Sie starb am 23.12.1817.

»The heir and the spare« sagen Engländer gerne, wenn es um den Erben einer Herrschaft und dessen mögliche Ersatzperson geht. So war man auch am Braunschweiger Hof heilfroh darüber, dass Herzogin Charlotte als viertes Kind am 13.11.1738 abermals einen Jungen zur Welt brachte. Christian Ludwig, oft auch französisch Louis gerufen, erlebte allerdings nicht einmal seinen vierten Geburtstag. Er starb am 12.4.1742 an Malaria tertiana, auch Marschenfieber genannt. Diese Krankheit wurde durch Mücken übertragen (Anopheles atroparvus), die besonders in den Marschen und Mooren Norddeutschlands vorkamen, und dürfte in jenen Breiten heute ausgestorben sein, zusammen mit dem Verschwinden des Lebensraumes ihrer Überträger.

Das nächste Kind sollte dereinst sehr berühmt werden. Doch lange deutete nichts darauf hin. Anna Amalia, geboren am 24.10.1739, berichtet in ihren Memoiren, wie sie ewig zurückgesetzt wurde, von den Eltern ungeliebt blieb und mit der entwürdigenden Bezeichnung »Ausschuss der Natur« bedacht wurde. Unter diesen Umständen bedurfte es schon eines starken Selbstbewusstseins, sich dennoch nicht verbiegen zu lassen und später besondere Herrscherinnenqualitäten zu entwickeln.

Als 16-Jährige (1756) vermählte man das nicht übermäßig schöne, aber hochintelligente Mädchen mit dem um ein Jahr älteren, kränklichen Herzog Ernst August II. Konstantin von Sachsen-Weimar. Die beiden Jugendlichen fanden zur eigenen Überraschung beieinander die in der Kindheit so sehr entbehrte Liebe, doch fatalerweise starb der Herzog schon bald. Man hatte ihn überhaupt nur deswegen zu einer so frühen Heirat gedrängt, weil das Aussterben als dynastisches Schreckgespenst drohte. Tatsächlich schienen solche Pläne aufzugehen. Als Ernst August starb, war sein älterer Sohn und Erbe Karl August noch ein Kleinkind. Der »Ersatzprinz« Konstantin sollte erst nach dem Tod des Vaters zur Welt kommen.

Anna Amalia, mit 18 schon Witwe, führte nun gegen alle Widerstände die Regentschaft für ihre Söhne, wobei sie selbst erst einmal für volljährig erklärt werden musste. Sie schuf im provinziellen Weimar ein einigermaßen funktionierendes Staatswesen und rief einen Musenhof ins Leben, an den später, als ihr Sohn die Regierung übernommen hatte, auch Goethe kam. Wie ihre Schwester Sophie Caroline, so heiratete auch Anna Amalia niemals wieder. Sie starb am 10.4.1807.

Das sechste Kind des Braunschweiger Herzogpaares war wieder ein Sohn, der überleben sollte: Friedrich August. Am 29.10.1740 geboren, wurde er mit nicht ganz neun Jahren bereits zum Domherrn in Lübeck ernannt, was er auch bis 1774 blieb. Danach erhielt Friedrich das Amt des Dompropstes zu Brandenburg. Sein Alltag spielte sich jedoch im Dienst des Braunschweiger Heeres, später in dem der preußischen Armee ab, wo er schon bald die Gunst König Friedrichs erwarb, seines Onkels, nach dem er benannt war. Während des Siebenjährigen Krieges nahm der Prinz an mehreren Schlachten teil, in denen er sich durch Mut und Umsicht auszeichnete.

Friedrich war bekannt für sein Interesse an Freimaurerei und Okkultismus. Ab 1771 Mitglied der Strikten Observanz, bekleidete er im Laufe der Jahre mehrere hohe Ämter innerhalb der maurerischen Hierarchie. Zwischen 1772 und 1799 fungierte er sogar als National-Großmeister der Loge »Zu den drei Weltkugeln«, die den besonderen Schutz Friedrich des Großen genoss. Daneben war der Prinz aber auch Mitglied im Geheimorden der Rosenkreuzer. Allgemein galt er als mystisch veranlagt, war aber auch gefürchtet wegen seiner spitzen Zunge. Friedrich unternahm selbst alchemistische Experimente – die er allerdings wieder einstellte, nachdem ihm allmählich deren Gefährlichkeit bewusst geworden war – sowie Geisterbeschwörungen. Auf medizinischem Gebiet muss er einige Kenntnisse besessen haben, da manche ihn sogar als »Wunderarzt« titulierten. Als sich 1777-78 der berühmte Okkultist, der sich Graf von Saint-Germain nannte (bis heute ist seine eigentliche Identität unbekannt geblieben), in Berlin aufhielt, versuchte Friedrich, Kontakt zu ihm aufzunehmen. Doch als ihm Freunde bescheinigten, der Graf sei nur ein eitler Selbstdarsteller, rückte der Prinz von ihm ab.

Als Friedrich eine Frau zum Heiraten suchte, verlobte man ihn mit der erst 13-jährigen Friederike Sophie von Württemberg-Oels, die elf Jahre jünger war als er. Der Prinz schob die Hochzeit aber noch um vier Jahre hinaus, die dann 1768 zu Breslau stattfand, im Beisein des königlichen Onkels. Friederike war eine gute Partie, da einzige Tochter ihres Vaters. Doch sie erlag 1789 nach kinderloser Ehe einer Pockeninfektion. Und so wurde der Witwer drei Jahre später mit dem in Niederschlesien gelegenen Herzogtum Württemberg-Oels belehnt, ihrem väterlichen Erbe.

Er geriet mehr und mehr unter den Einfluss von Gruppen, die sich seine Verbindung zum preußischen Hof zunutze machen wollten. Je mehr der Herzog religiösen Wahnideen verfiel, umso größer wurde seine Sammlung von Zauber- und Beschwörungsbüchern sowie anderer Literatur zur Magie, heute ein wertvoller Bestand der Herzog August Bibliothek in Wolfenbüttel. Schwindler und Scharlatane bereicherten sich an ihm, und er verschuldete sich bis über die Ohren.

Nachdem Friedrich 1794 hochgeehrt im Generalsrang aus der Armee ausgeschieden war, zog er sich auf sein Schloss Sibyllenort in Oels zurück und schrieb dort Bücher sowie Übersetzungen französischer Stücke. Kurz vor seinem 65. Geburtstag verstarb er am 8.10.1805 auf einer Reise zu seiner Schwester Anna Amalia unterwegs in Eisenach.

Albrecht Heinrich, das siebte Kind des Herzogspaars Charlotte und Karl, kam am 26.2.1742 zur Welt. Am Braunschweiger Collegium Carolinum unter Abt Jerusalem ausgebildet, wurde Heinrich – ähnlich wie sein älterer Bruder Friedrich – schon mit elf Jahren (1753) Domherr in Lübeck. Doch kirchliche Beschaulichkeit galt für eine Existenz wie die seine nicht als angemessen: Er musste Soldat werden und bezahlte dies mit seinem Leben. Während des Siebenjährigen Krieges ging es darum, Preußen zu unterstützen. Heinrich zog an der Seite des ältesten Bruders, des Erbprinzen Karl Wilhelm Ferdinand, in die Schlacht bei Ruhne, wo er sich geradezu tollkühn aufführte und schließlich durch einen Schuss am Hals so schwer verwundet wurde, dass er einige Tage später, am 8.8.1761, starb – gerade mal 19 Jahre alt. Das nächste Kind, Luise Friederike (1743-1744), wurde nur drei Monate alt.

Ein weiterer Sohn tröstete die Eltern ein wenig. Wilhelm Adolf, geboren am 18.5.1745, war ein begabter Junge, der ebenfalls am Collegium

Herzogin Philippine Charlotte;
Ölbild von B. A. R. de Gasc, um 1760

Carolinum seine Bildung empfing. Er war auf musischem Gebiet genauso tüchtig wie im Fach Mathematik. So schrieb er um 1763 ein Gedicht in französischer Sprache, das die Eroberung Mexikos durch die Spanier zum Thema hatte, aber auch eine Abhandlung über die »Kunst«, Krieg zu führen. Denn natürlich kam auch für ihn nichts anderes als eine Laufbahn beim Militär in Frage. Seit 1761 für die Braunschweigische Armee tätig, wurde der Prinz 1763 seinem königlichen Onkel vorgestellt und zog im Schloss Sanssouci ein. Von da an war Wilhelm Adolf preußischer Offizier und sollte es vier Jahre lang bleiben.

Der belesene Mann besaß schon in jungen Jahren eine umfangreiche Büchersammlung, von der sich heute noch etwa 2.300 Bände im Besitz

Herzog Karl I. von Braunschweig;
Ölbild von J. G. Ziesenis, um 1760

der Herzog August Bibliothek befinden. Es sind Werke auf deutsch, englisch und französisch zu vielen Wissensgebieten, auch bereits zeitgenössische Literatur über Friedrich den Großen und dessen Feldzüge. Wilhelm Adolf sah sich 1769 allerdings genötigt, aus gesellschaftlichen Gründen den Hof seines Onkels zu verlassen: Er war in die Scheidungsaffäre seiner Schwester Elisabeth (s.u.) verwickelt, was seinem Ruf schadete.

So trat der junge Mann als Generalleutnant in russische Dienste und rückte unter dem Feldmarschall Graf Rumjanzew-Sadunajski gegen die Türken vor. In einem Heerlager bei Oczakow (Bessarabien, Südrussland) zog er sich Diphtherie zu und erlag dieser Infektionskrankheit am

24.8.1770. Sein Leichnam wurde zurück in die Heimat transportiert, so dass er im Braunschweiger Dom beigesetzt werden konnte. Herzogin Charlotte, die an diesem Sohn besonders hing, schrieb, sein Tod habe sie »fast um den Verstand gebracht«.

Als zehntes Kind kam am 9.11.1746 Elisabeth Christine Ulrike zur Welt. Ihre Namen verdankte sie zwei Damen aus dem Umkreis ihres königlichen Onkels: Die wenig geliebte Preußenkönigin Elisabeth Christine war ihre Tante (durch Vater Karl sogar gleich doppelt!), Ulrike wiederum kam von derjenigen Königsschwester, die man nach Schweden verheiratet hatte – Luise Ulrike.

Die hübsche Elisabeth wurde sorgfältig erzogen – auf einem Familienbild von Tischbein sieht man sie am Klavier sitzen –, denn die Eltern hatten ihr früh eine besondere Rolle in ihrer Vermählungspolitik zugedacht. Für eine erste Enttäuschung sorgte die Prinzessin, indem sie als 16-Jährige schwanger wurde – von wem, weiß man nicht. Unbemerkt vom Hof brachte sie in Grünenplan eine Tochter zur Welt, die in eine Pflegefamilie gegeben wurde und deren Nachkommen viele Jahrzehnte später, nach Elisabeths Tod, miterben wollten. Kaum jemand erfuhr davon, schon gar nicht der preußische Thronfolger Friedrich Wilhelm, dem die Kusine 1764 anverlobt wurde. Weder Friedrich der Große, der mangels eigenen Nachwuchses den Neffen zum Thronerben bestimmt hatte, noch Herzogin Charlotte machten sich Illusionen über den Charakter des jungen Mannes.

Kaltherzig gegenüber vielen Menschen, sexuell schon früh unersättlich, dazu korpulent von Jugend an und beizeiten kahlköpfig geworden – so war der künftige Herrscher über Preußen beschaffen. Er sollte später zeitweise in kirchlich geduldeter Bigamie leben (hier berief man sich auf die polygamen Patriarchen des Alten Testaments als Vorbild) und immer wieder Mätressen haben, von denen »die schöne Wilhelmine« Enke, die er mit 13 »entdeckte«, die berühmteste wurde. Natürlich erwartete Charlotte von ihrer Tochter, dass diese die gleiche gute Miene zum bösen Spiel machen werde, wie sie es selbst in ihrer Ehe praktiziert hatte. Doch dazu war die selbstbewusste Elisabeth nicht bereit.

1765 feierte man auf Schloss Salzdahlum die Hochzeit. Friedrich Wilhelm und seine junge Base wurden bald Eltern einer Tochter namens

Friederike. Aber auch die Vaterschaft machte den Kronprinzen nicht häuslicher. »Der Gatte, jung und sittenlos«, schrieb König Friedrich an seine Schwester Charlotte, »übte täglich Untreue an seiner Gemahlin«. Elisabeth forderte gleiches Recht für alle und stürzte sich erst in eine Affäre mit einem Gardeoffizier, dann mit einem italienischen Musiklehrer namens Pietro. Von Letzterem schwanger, trieb sie das Kind mithilfe von Drogen ab, während der Musiker in die Festung Magdeburg geschafft und dort geköpft wurde.

Wütend forderte Kronprinz Friedrich Wilhelm die Scheidung und erhielt sie auch. Nur wenig später machte er erneut eine Prinzessin unglücklich, nämlich Friederike Luise von Hessen-Darmstadt. »Ich begreife nicht, wo sie diese schlimmen Neigungen herhat, für die sie niemals Beispiele gesehen hat«, klagte Charlotte über ihre Tochter und vergaß dabei, welches Beispiel Elisabeths Vater ein Leben lang geboten hatte. Im April 1769 wurde die Geschiedene als Staatsgefangene nach Stettin verbannt, wo sie relativ komfortabel, aber ihrer Freiheit beraubt noch ganze 71 (!) Jahre zubrachte. Ihre Tochter durfte sie niemals besuchen. Und wie schon eingangs berichtet, brach Charlotte jeglichen Kontakt mit ihrem »schlimmen« Kind ab. Elisabeth starb am 18.2.1840 im Alter von 93 Jahren.

Das elfte Kind des Braunschweiger Herzogspaares hieß Friederike Wilhelmine und wurde am 8.4.1748 geboren. Anfangs sah es ganz danach aus, als würde auch diese Prinzessin das Erwachsenenalter erreichen. Doch nicht ganz 10-jährig starb die Kleine bereits am 22.1.1758 an den Masern.

Auch die Vorletzte in der Kinderschar war wieder ein Mädchen. Auguste Dorothea, am 2.10.1749 geboren, wurde früh dazu bestimmt, in das altehrwürdige Stift Gandersheim einzutreten, das nach der Reformation evangelisch geworden war. Ihre Tante Therese Natalie von Braunschweig-Wolfenbüttel war dort bereits Äbtissin. Mit 19 Jahren begann Auguste als Kanonisse, 1779 übernahm sie nach dem Tod der Tante deren Amt als Vorsteherin des Stifts. Aber nur wenige Wochen im Jahr residierte sie in Gandersheim, lebte ansonsten am Hof zu Braunschweig, wo sie besonders mit ihrem Bruder, dem Erbprinzen, auf gutem Fuß stand. Nach dem Tod des Vaters war es Auguste, die sich intensiv um die verwitwete Mutter kümmerte. Dies hatte Charlotte immer schon insgeheim erhofft und nicht zuletzt deshalb diese Tochter eine kirchliche Laufbahn einschlagen lassen. Wie die Mutter, so erwies auch sie sich als geist- und humorvolle Briefschreiberin. Die Säkularisation brachte das Ende des mehr als tausendjährigen Stiftes Gandersheim, doch Napoleon gewährte Auguste bis zu ihrem Tod die einer Äbtissin zustehenden Einkünfte.

Ein tragisches Schicksal war dem letzten Kind von Charlotte und Karl beschieden. Maximilian Julius Leopold, geboren am 11.10.1752, war ein überaus höflicher und liebenswerter, dabei gebildeter Mann ohne Standesdünkel. 1770 bereiste er gemeinsam mit Lessing, der als Hofbibliothekar arbeitete, Italien. Im selben Jahr wurde Leopold Freimaurer, ein Mitglied der strikten Observanz. Zugleich dachte und lebte er als frommer Christ, dem Nächstenliebe über alles ging. Mit dieser Einstellung ließ sich allerdings in der preußischen Armee keine große Karriere machen, wie sich später zeigen sollte, als er nur mit Verzögerungen befördert wurde.

Noch während der Italienreise hatte Leopold ein Angebot seines königlichen Onkels erreicht: Er sollte Chef eines in Frankfurt an der Oder stationierten Infanterieregiments werden. Der Prinz akzeptierte und siedelte 1776 ganz in diese Stadt über. Wie ernst er seine Aufgaben dort nahm, beweist die Tatsache, dass er ein Jahr später fast gänzlich aus eigener Tasche den Bau eines Schulhauses – des heutigen Kleist-Museums – finanzierte, in dem die Kinder der Soldaten seines Regiments unterrichtet wurden. Zuvor hatten sowohl sein Onkel, König Friedrich, als auch der Magistrat der Stadt ein solches Unternehmen für unnötig gehalten.

Mit 33 Jahren ertrank der Berufsoffizier in der Oder – wie schon kurz nach seinem Tod überall verbreitet und wie bis vor wenigen Jahren geglaubt wurde, bei dem Versuch, vom Hochwasser eingeschlossene Menschen zu retten. Durch die Forschungen Anton Pumpes, der zeitgenössische Augenzeugenberichte auswerten konnte, trat eine ein wenig prosaischere Wahrheit zutage. Tatsächlich setzte sich Leopold über dringende Warnungen hinweg und bestieg ein Boot, um mitzuhelfen, das Hab und Gut seiner am gegenüberliegenden Ufer wohnenden Soldaten zu bergen. Der Kahn kenterte jedoch in der reißenden Oder (27.4.1785). Dort, wo der Leichnam angeschwemmt worden war, errichtete man ein heute verschollenes Denkmal. Beigesetzt wurde Leopold im Braunschweiger Dom.

Die Eltern dieser interessanten Kinderschar, Charlotte und Karl, mussten recht früh Verantwortung übernehmen. Erbprinz Karl trat 1735, also mit 22 Jahren, die Herrschaft über sein Herzogtum an. Seine Gemahlin war noch drei Jahre jünger. Charlotte suchte ihren Teil der Aufgaben einer Landesmutter zu erfüllen, doch die äußeren Umstände waren nicht günstig. Die Finanzkraft des Landes war durch Misswirtschaft geschwächt, da die Herzöge Anton Ulrich und August Wilhelm allzu sorglos mit dem Geld anderer Menschen umgegangen waren. Bitter notwendige Steuerreformen scheiterten an der selbstherrlichen Haltung Herzog Karls, der sich als absolutistischer Herrscher verstand, zu dem prunkvolle Inszenierung dazugehörte. Katharina die Große, die als junge Prinzessin öfter in Braunschweig bzw. Wolfenbüttel

Leopold von Braunschweig besteigt bei Hochwasser ein Boot; Ölbild nach 1785

zu Gast gewesen war, bescheinigt in ihren Memoiren dem dortigen Hof eine königlich zu nennende Pracht und Größe.

Sparmaßnahmen hätten sowohl das braunschweigische Heer als auch den Aufwand bei Hofe betroffen, wozu weder Karl noch Charlotte – die nach den Entbehrungen der Kindheit endlich »angemessen« repräsentieren wollte – bereit waren. 1753 verlegte man die Residenz von Wolfenbüttel nach Braunschweig. Zwar brachte der Herzog den besten Willen mit, seinem Land in jeder Hinsicht aufzuhelfen und die allgemeine Wohlfahrt zu fördern. Doch war er ein eher mittelmäßig begabter Mensch, der zudem noch eine recht einseitige, da hauptsächlich auf militärische Dinge ausgerichtete Erziehung genossen hatte. Der gutmütige und freigebige Herrscher gönnte sich selbst und vielen anderen allzuviel Kostspieliges und steuerte auf diese Weise das Herzogtum geradewegs in den Staatsbankrott. Hinzu kamen die schrecklichen Folgen des Siebenjährigen Krieges, in dem die Feinde Preußens nach Lust und Laune durch das Herzogtum marschierten, es auspressten, besetzten und zerstörten. Karl I. vermochte sich auch nicht gegen den Widerstand der adeligen Großgrundbesitzer durchzusetzen, wenn es darum ging, das Los der Bauern zu erleichtern.

Große Verdienste erwarb sich der Herzog hingegen in der Bildungspolitik, vom Volksschulwesen bis zu den Universitäten. Auch Kunst und Kultur blühten in Braunschweig. Hier fand sich auch für Charlotte ein reiches Betätigungsfeld.

Die Herzogin machte auf ihren Bruder Friedrich (II.) einen so geistreichen und gebildeten Eindruck, dass er sie als einzige Frau in seinen in Rheinsberg gegründeten Bayard-Orden aufnahm (1739). 1764 vergab Charlotte die Stelle des Hofmalers an eine Frau, worüber sich der König erstaunt zeigte: Barbara Rosina Anna de Gasc (geborene Lisiewska, zeitweilig verheiratete Matthieu, 1713-83). An der Seite ihres Gemahls förderte die Herrscherin Lessing, der ab 1770 eine gesicherte Stellung als Bibliothekar innehatte. 1772 widmete er ihr sein Stück »Emilia Galotti«.

Das Braunschweiger Opernhaus war berühmt und führte auch deutsche, nicht nur italienische Stücke auf. Nicht zuletzt kamen hier auch Werke der Herzogin selbst zur Aufführung, denn Charlotte war wie die meisten Preußen-Geschwister musikalisch begabt und trat als Komponistin in Erscheinung. Aus ihrer Feder sind heute leider nur noch einige Militärmärsche erhalten.

Abt Johann Friedrich Wilhelm Jerusalem wurde zum Erzieher von Charlottes Söhnen bestellt und damit wurde dem Gedankengut der deutschen Aufklärung Raum gegeben. Während Friedrich der Große glaubte, über die zeitgenössische deutsche Literatur spotten zu müssen, die er der französischen unterlegen wähnte, ließ Charlotte den Abt eine Gegenschrift verfassen und sandte sie dem Bruder zu. Sie tat dies, obwohl auch sie ziemlich frankophil eingestellt war.

Trotzdem sahen manche Zeitgenossen die Landesmutter in durchaus kritischem Licht. So meinte ihr Leibarzt Urban Brückmann, dass der Geist Friedrichs des Großen »sie nicht beseelt« habe. »Sie las philosophische Schriften, die sie nicht verstand, und hielt in den mehrsten Schriften, die sie las, stets nur das für wahr, was sie zuletzt gelesen hatte.« Der Braunschweiger Stadtdirektor Wilhelm Bode sah das ähnlich: »Sie war aber keine Frau von Geist, als Königstochter und Schwester Friedrich des Großen überaus stolz und in der Hinsicht Nachahmerin ihres großen Bruders, dass sie Gelehrte in ihre Nähe und an ihre Tafel zog, denen sie ihrerseits nicht viel mehr zu bieten wusste als gutes Essen.« Und schließlich bemerkte der Oberstallmeister von Thielau: [Sie] »war bornierten Verstandes und dabei im hohen Maße stolz auf ihre Abkunft und ihren glorreichen Bruder, mit dem sie in geistiger Hinsicht nicht verwandt war.«

Immer schon war Charlotte persönlich fromm gewesen. Als Herzogin sah sie sich verpflichtet, Werke der Nächstenliebe zu üben, was sie durch materielle Unterstützung Bedürftiger sowie öffentlicher Institutionen tat. Während einer Hungersnot 1770 sorgte sie für Armenspeisung. Als das Herzogtum 1773 vor dem Bankrott stand und ihr Sohn Karl Wilhelm Ferdinand die Staatsfinanzieren sanieren musste, versuchte sie, mit nicht unerheblichen Summen aus eigener Tasche dazu beizutragen. Während einer Pockenepidemie, die 1766 im Herzogtum ausgebrochen war, nutzte Charlotte die Kenntnisse, die ihre – sonst nicht sonderlich von ihr geschätzte – Schwiegertochter Augusta aus England über die dort bereits übliche Impfung gegen die Seuche mitgebracht hatte.

Über die Jahre hinweg führte Charlotte einen umfangreichen Briefwechsel, vor allem mit ihren Geschwistern. Mit Friedrich blieb sie auch nach dessen Thronbesteigung auf vertrautem Fuße, interessierte sich für die gleichen Dinge wie er und ließ in ihre Schreiben häufig philosophische Betrachtungen einfließen. Darüber hinaus wirken ihre Briefe allgemein erfrischend im Ton, so als spräche sie mit ihrem Gegenüber. Charlotte konnte gut und spannend erzählen, auch ihr vielgerühmter Humor blitzt immer wieder auf.

Seit 1773 regierte ihr Gemahl nur noch dem Namen nach. Der Erbprinz hatte den allzu saumseligen Vater praktisch entmachtet und durch harte Sparmaßnahmen den Staat gerade noch vor der Pleite retten können. Als Erstes hinderte er Karl daran, seinen Mätressen weiterhin kostbare Schmuckstücke zu verehren. Hofstaat und Oper wurden nun drastisch im Etat gekürzt, und schließlich wurde dem zögernden Herzog das Einverständnis abgerungen, 4.500 Landeskinder als Soldaten an die Engländer zu verkaufen, die diese 1776 im Krieg gegen Nordamerika verheizten. Noch im selben Jahr erlitt der alte Herrscher einen Schlaganfall, der ihn erblinden ließ. Einige Jahre vegetierte er buchstäblich dahin, bis der Tod ihn am 26.3.1780 erlöste.

Charlotte überlebte ihren Mann um 21 Jahre. Sie erreichte das damals wahrhaft biblische Alter von 85 Jahren und starb am 16.2.1801 – ohne Schulden zu hinterlassen, würdige Leistung einer Tochter des »Großen Plusmachers«. Der ihr nachgesagte Geiz entsprach guter Wirtschaftsführung. Man findet ihr Grab im Braunschweiger Dom, wo Charlotte als Letzte der regierenden Herzoginnen beigesetzt wurde.

Ludwig *Carl* Wilhelm
(*2.5.1717 - †31.8.1719)

Carl war nach der Geburt einiger Mädchen die große Hoffnung, dass die Zukunft der preußischen Hohenzollern nicht nur von Kronprinz Friedrich abhänge. Er überstand das schwierige Zahnen auch tatsächlich ohne Probleme. Ein Gemälde von Friedrich Wilhelm Weidemann zeigt den Jungen in ein rotes Kleid gewandet, da noch bis ins 19. Jahrhundert hinein adlige und gutbürgerliche Buben erst nach dem 5. oder dem 6. Lebensjahr Hosen anziehen durften. Carl, geschmückt mit dem Schwarzen Adlerorden (den alle Preußenprinzen zur Geburt verliehen bekamen), ist bereits als zukünftiger Offizier charakterisiert, indem er Soldat spielt: Der Zweijährige schlägt die Trommel, und hinter ihm steht ein großes Schaukelpferd. Etwas anderes als eine Existenz beim Militär kam für Söhne des Hochadels überhaupt nicht in Frage – es stand ihnen aufgrund des aristokratischen Selbstverständnisses nicht frei, beispielsweise ein Leben als ernsthafter Künstler zu führen oder gar wie ein gewöhnlicher Bürger Geld mit einem Unternehmen zu verdienen.

Im außerordentlich heißen Sommer 1719 ging eine Seuche durch die Hauptstadt, von der Prinzessin Wilhelmine in ihren Erinnerungen schreibt: »Diese Krankheit wütete in Berlin wie die Pest; die meisten Menschen starben am dreizehnten Tage daran.« Die königliche Familie – aber offenbar nur die älteren Mitglieder – war nach (Königs) Wusterhausen gefahren, als abends eine Eilstafette aus der Hauptstadt eintraf und das Königspaar darüber informierte, dass Prinz Carl an Durchfall erkrankt sei. Da bald darauf auch noch eine Nachricht kam, dass die kleine Friederike Luise nun ebenfalls an Dysenterie litt, fuhren der Soldatenkönig und seine Frau aus Angst vor Ansteckung nicht zu den beiden Kindern.

Doch dann zeigte auch die mit ins Jagdschloss übergesiedelte Prinzessin Wilhelmine erste Symptome der Krankheit und wurde zurück nach Berlin geschickt, wo ihr die Erzieherin Leti auf der Treppe entgegentrat und kühl bemerkte: »Ihr Bruder ist heute morgen verschieden, und ich glaube nicht, dass Ihre Schwester den Tag überleben wird.« Sie irrte sich, Friederike Luise kam durch.

Carl von Preußen mit Trommel und Schaukelpferd;
Ölbild von F. W. Weidemann, 1719

Nach modernen Erkenntnissen handelte es sich bei der beschriebenen Seuche um eine ansteckende Gelbsucht, eine fäkalorale Infektion, die zuerst mit Fieber, Durchfall und Erbrechen begann und häufig – aber nicht immer – einen verzögerten Verlauf von etwa zwei Monaten Dauer aufwies. Prinz Carl, bei dem alles sehr schnell ging, hatte offenbar nur eine geringe Chance, diese Erkrankung zu überleben.

Carl;
Wachsporträt von 1719

Wiederum ruhte nun wegen eines unzeitigen Todesfalls die Last der Thronfolge allein auf den Schultern des jungen Friedrich. Die unglückliche Mutter Sophie Dorothea wollte auch von diesem verstorbenen Kind eine dauerhafte Erinnerung bewahren, doch Charles Claude Dubut stand nicht mehr zur Verfügung. Der Künstler war bereits 1716 nach München gegangen, wo er zum Hofbildhauer des bairischen Kurfürsten ernannt wurde. Welcher Wachsbossierer schließlich das Abbild des kleinen Carl schuf, ist nicht bekannt. In der künstlerischen Auffassung unterscheidet sich die Standfigur sichtbar von den sitzenden Statuen der anderen drei Kinder.

Leider ist auch dieses Kunstwerk, später ausgestellt im Hohenzollern-Museum Schloss Monbijou, durch Kriegseinwirkung zerstört worden. Noch erhaltene Einzelteile, nämlich des Rumpfes, der Beine, des Kopfes und eines Arms sowie des runden Sockels, sind im Kunstgewerbemuseum im Schloss Köpenick gelagert. Wie durch ein Wunder ist jedoch das rote Gewand, mit dem die Figur bekleidet gewesen war, vollständig erhalten. Es besteht aus Damast und Seide, verziert mit einem Posamentenbesatz mit Silbergespinst. Es handelt sich um dasselbe Kleid, das Carl auf dem Weidemannschen Gemälde trägt.

Sophie Dorothea Marie

(*25.1.1719 - †15.11.1765)

Die Schwangerschaft Königin Sophie Dorotheas im Winter 1718/19, die mit der Geburt einer weiteren Tochter enden sollte, stand unter traurigen Vorzeichen. Wilhelmine von Bayreuth berichtet in ihren Memoiren, dass ihre Mutter während dieser Zeit recht depressiv gewesen sei. Wieder einmal war die Ehe mit dem schwierigen Vetter in eine Krise geraten. Zudem handelte es sich um die neunte Schwangerschaft innerhalb von 13 Jahren.

Die Geburt selbst verlief dann ohne große Komplikationen. Fast hätte es geklappt, und der Neuankömmling hätte gemeinsam mit dem Bruder Friedrich Geburtstag gehabt, der einen Tag zuvor sein siebtes Wiegenfest gefeiert hatte. Die Ankunft eines weiteren Mädchens, das nach Mutter und Großmutter Sophie Dorothea Marie getauft wurde, begeisterte allerdings niemanden. Die Kleine reihte sich ein in die Gruppe gemeinsam erzogener Prinzessinnen – mit der fünf Jahre älteren Friederike und der um drei Jahre älteren Charlotte.

Sophie, mit familiärem Spitznamen »Tobise« gerufen, erlebte ebenso wie ihre älteren Schwestern das Chaos um Friedrichs vergeblichen Fluchtversuch mit. In der folgenden Zeit wurde sie, obwohl erst zwölf Jahre alt, als Braut für den Erbprinzen von Bayreuth in Erwägung gezogen, der dann aber ihre älteste Schwester Wilhelmine nahm. Bald darauf, im Sommer 1733, stellte sich als Bewerber um Sophies Hand ein nachgeborener Prinz von Mecklenburg-Strelitz am Hof vor, Carl Ludwig Friedrich (1708-1752). Dessen Finanzen befanden sich in katastrophalem Zustand. Entsprechend entrüstet antwortete ihm der Soldatenkönig: »Ich gäbe Ihro Liebden nicht einmal mein Küchenmädchen zur Frau!« Längst trug sich der Herrscher mit anderen Plänen, die um die Person des Schwedter Markgrafen kreisten – Prinzessin Wilhelmines altes »Schreckgespenst«.

Das Gebiet um die Stadt Schwedt war, wie wir uns erinnern, einst dazu verwendet worden, um die Kinder aus der zweiten Ehe des Großen Kurfürsten nicht leer ausgehen zu lassen. Die in der Uckermark, der Neumark und in Hinterpommern gelegenen Grundherrschaften umfassten gerade einmal drei Städte, 33 Dörfer, 24 Vorwerke und drei Schlösser, eine souveräne Herrschaft wurde dort nicht ausgeübt. Doch kaum waren diese Regelungen getroffen worden, trachteten Preußens Herrscher unentwegt danach, das Gebiet wieder ihrem Land einzugliedern. Zur Zeit des Soldatenkönigs Friedrich Wilhelm I. hieß der regierende Markgraf ebenfalls Friedrich Wilhelm. Er war der Sohn des Philipp Wilhelm (1669-1711), somit ein Enkel des Großen Kurfürsten, und der Johanna Charlotte von Anhalt-Dessau (1682-1750), einer Schwester des Fürsten Leopold von Anhalt-Dessau, des »Alten Dessauers«. Kein Wunder, dass jener alte Haudegen während vieler mit seinem Vorgesetzten und Freund im Tabakkollegium verbrachter Stunden eine Ehe zwischen diesem Neffen und einer der preußischen Prinzessinnen zu stiften suchte.

Friedrich Wilhelm, der sich selbst gerne »Fritze« nannte und auch von seinen Verwandten so bezeichnet wurde, war am 17.12.1700 zur Welt gekommen und war damit erheblich älter als alle Töchter des Soldatenkönigs. Am besten hätte vom Alter her noch Wilhelmine zu ihm gepasst. Diese aber hatte den Vetter schon als Kind nicht leiden können und schildert ihn in ihren Memoiren als »grausam und brutal«, mit »rohen Manieren und niedrigen Trieben«. Seine frühen Jahre hatte »Fritze« in der liebevollen Obhut beider Eltern verbracht, doch war sein Vater gestorben, als er erst elf Jahre gezählt hatte. Unter Philipp Wilhelm war Schwedt zu einem Zentrum des Tabakanbaus geworden, und man hatte französischen Glaubensflüchtlingen – meist tüchtigen Handwerkern – dort eine neue Heimat geboten – eine gute Grundlage für die Regentschaft Friedrich Wilhelms, den zunächst noch die Mutter vertrat. Er wuchs jedoch zu einem sturen, schwer erziehbaren Teenager heran, der keine geistigen Interessen pflegte und dem andere Verwandte als leuchtende Vorbilder vorgehalten wurden – auch und gerade die ihm stets verhasster werdenden Cousins am Preußenhof. Der später als notorischer Geizhals Verschrieene besaß durchaus ökonomisches Geschick und wäre, hätte er mehr Selbstdisziplin an den Tag gelegt, nicht einmal ein schlechter Regent gewesen. Doch Friedrich Wilhelm war unstet, und es fiel ihm schwer, sich über längere Zeit mit ernsthaften Beschäftigungen abzugeben. So vermochte der mit 18 Jahren für volljährig Erklärte mit seiner eher mittelmäßigen Begabung keinen hohen Ansprüchen zu genügen und entwickelte sich zu einer verkrachten Existenz. Das Erlernen von Reiterkunststücken, Jagdleidenschaft und Schürzenjägerei wurden zum hauptsächlichen Lebensinhalt des Markgrafen, der bei seinem Tod 36 uneheliche Kinder hinterließ. Prunkliebend und sprunghaft, versuchte er auf ungeschickte Weise, die preußischen Könige nachzuahmen. Mit adligen Nachbarn, denen er ständig Land für seine eigenen Bedürfnisse abzuknöpfen versuchte, lag er im Dauerstreit. Den Bauern wiederum trat er häufig und gern als jovialer Landesvater gegenüber, während Mittelstand, Beamte und Geistliche seine ganze Verachtung zu spüren bekamen. Wie ein trotziges Kind reizte der Markgraf, dank gehorteten Schätzen ein durchaus reicher Mann, immer wieder die Chefs des Hauses und gab sich, als wäre er ein souveräner Fürst und nicht der Inhaber einer Sekundogenitur.

Fast 15 Jahre lang (1715-30) blieb Prinzessin Wilhelmine Objekt des Heiratsgeschachers. 1727 kam es dem Markgrafen in den Sinn, sich doch einmal ernsthaft um die Fortsetzung seiner Linie zu kümmern, und er bat König Friedrich Wilhelm um die Hand irgendeiner der preußischen Prinzessinnen, wobei es ihm gleichgültig war, welche ausgesucht würde. Der Soldatenkönig zeigte sich, auch aus persönlichen Gründen, nicht abgeneigt. »Fritze« versäumte ja nie, beim Verwandtenbesuch im Tabakkollegium vorbeizuschauen und sich mit dem Vetter zu betrinken. Außerdem war er es, der als Erster die Idee gehabt hatte, ein Regiment von »langen Kerls« aufzustellen und den König mit dieser Leidenschaft anzustecken. Allerdings wurden die kostbaren Grenadiere in Schwedt viel besser behandelt als in Potsdam.

Dieser Fürst wurde nun von König Friedrich Wilhelm I. als Ehemann der um 19 Jahre jüngeren Prinzessin Sophie ausersehen. »Tobise« war, gemeinsam mit den Schwestern Ulrike und Amalie erzogen, zu einer hübschen und liebenswürdigen jungen Frau mit Interesse an Kunst, Musik und Theater herangewachsen. Sie sprach ein exzellentes Französisch und schrieb auch am liebsten in dieser Sprache. Sophie dilettierte, genau wie ihr Vater, als Malerin und schenkte dem Soldatenkönig sogar 1736 sein von ihr selbst angefertigtes Porträt. Keineswegs zeigte sie sich als langweilig oder unbegabt. In den kommenden Jahren bewies

Sophie mit ihrem Bräutigam Friedrich Wilhelm von Brandenburg-Schwedt; Ölbild von A. Pesne, 1734

Sophie vielmehr, dass sie eine persönlich integre, treue, charakterstarke und intelligente Persönlichkeit war, die auch einen gewissen Humor an den Tag legen konnte. Eher abstoßend für Menschen des 21. Jahrhunderts war ihre Haltung Leuten gegenüber, denen sie sich durch ihre Abstammung überlegen dünkte. So weigerte sich Sophie später, ihre Schwägerin zu empfangen. Fürst Leopold – der »Alte Dessauer« – hatte es nämlich gewagt, seine bürgerliche Jugendliebe zu heiraten. Die als Tochter eines Apothekers geborene Anna Luise Föhse hatte er durch den Kaiser gegen eine ungeheure Geldsumme adeln und für standesgemäß erklären lassen, so dass die zahlreichen Söhne der beiden nachfolgeberechtigt waren. Eine der Töchter wiederum, Leopoldine, ging eine – später spektakulär scheiternde – Liebesehe mit ihrem Schwedter Cousin Heinrich ein, dem einzigen Bruder des jungen Markgrafen Friedrich Wilhelm. Sophie, inzwischen Markgräfin von Brandenburg-Schwedt, vermied jegliches Zusammentreffen mit ihr. Genauso arrogant handelte die nächstjüngere Preußen-Prinzessin Ulrike, als sie anlässlich der Geburt von Leopoldines erstem Kind in einem Brief an Friedrich den Großen schrieb: »Ich vermute, mein lieber Bruder, es kommt Ihnen nicht ungelegen, dass die Markgräfin Heinrich [= Leopoldine] nur eine Tochter bekommen hat. Ihre Herkunft ist nicht gut genug, um einen Prinzen wünschen zu können [...].«

Wilhelmine von Bayreuth bezeichnete Sophie als ihre Lieblingsschwester und bescheinigte ihr in ihren Erinnerungen einen guten Charakter, Sanftmut und »tausend gute Eigenschaften«. Dieser bedurfte sie auch, um einen Partner wie den Schwedter Cousin zu ertragen. Erstaunlicherweise aber geschah noch weitaus mehr als dies: Während einiger Wochen, in denen Friedrich Wilhelm sich am Berliner Hof aufhielt, um die Hand Sophies zu gewinnen, verliebte sich diese in ihn. »Sie ist in ihren großen Tölpel ganz vernarrt«, schrieb Friedrich der Große an Wilhelmine (2.7.1734). Die Beziehung blieb aber nicht einseitig. Den vielversprechenden Anfang bildeten tatsächlich echte beiderseitige Gefühle, was auch noch einige Jahre so bleiben sollte.

Schon nach der Verlobung traten Sophie und »Fritze« in einen regen Briefwechsel miteinander, an dem sich zeigt, dass der Markgraf – wie von Zeitgenossen beschrieben – durchaus charmant und selbstironisch agieren konnte, wenn er nur wollte. Am 10.11.1734 wurde im Berliner Schloss die Hochzeit gefeiert.

Eine der vielen Anekdoten, die später über den »Tollen Markgrafen« verbreitet wurden, lautete, dass er der entsetzten Sophie erklärt habe, sie nur wegen der Mitgift geheiratet und die vom Soldatenkönig mühsam gehorteten 100.000 Taler in den Bau eines riesigen Exerzierhauses gesteckt zu haben. Anschließend zog er angeblich seine Frau immer wieder hämisch mit der Bemerkung auf, dass ihre Morgengabe gerade einmal »für einen Pferdestall« ausgereicht habe. Tatsächlich jedoch benutzte der ökonomisch gewitzte Markgraf das Geld seiner Gemahlin, über das er der Rechtsprechung der Zeit entsprechend verfügen durfte, zum Ankauf neuer Allodialgüter. Die Exerzierhalle baute er auch, vermutlich allerdings von dem eigenen, reichlich vorhandenen Vermögen.

Das Paar mit seinen fast 20 Jahren Altersunterschied verlebte zunächst gute Zeiten. Die beiden gingen viel gemeinsam spazieren, und erstaunlicherweise begeisterte sich die zarte Sophie bald für die Jagd. Sie ging sogar ohne ihren Gemahl auf die Pirsch, also keineswegs nur ihm zuliebe. Über ihre Unternehmungen und die Geschehnisse am Schwedter Hof sind wir aufgrund des ausgedehnten Briefwechsels der Markgräfin mit fast allen engeren Familienangehörigen recht gut informiert. Als das erste Kind geboren wurde, war alles noch in schönster Ordnung.

Am 18.12.1736 kam Friederike Sophie Dorothea, mit Rufnamen Dorothee, zur Welt. Das große und kräftige Mädchen sollte in späteren Jahren große physische Ähnlichkeit mit ihrem Vorfahren, dem Großen Kurfürsten, an den Tag legen. Sie blieb, mit Unterbrechungen, die Lieblingstochter ihres Vaters. Mit nicht ganz 17 Jahren wurde sie dem Prinzen Franz Friedrich Eugen von Württemberg angetraut, der als Offizier in preußischen Diensten stand. Drei Jahre vor ihrem Tod erlebte es Dorothee noch, dass ihr Gemahl regierender Herzog in seiner Heimat wurde. Die beiden bekamen zwölf Kinder und wurden so zu Stammeltern sämtlicher heute noch lebender Angehöriger des Hauses Württemberg. Den größten Triumph heimsten sie ein, als sie ihre Tochter Sophie Dorothee – nach dem Übertritt zum orthodoxen Glauben Maria Feodorowna genannt – mit dem späteren Zaren Paul I. von Russland verheirateten, dem einzigen ehelichen Sohn Katharinas der Großen.

Doch war Dorothee – oder Dörthe, wie der Markgraf sie gerne rief – beileibe nicht der einzige Sprössling des wahren Landesvaters Friedrich Wilhelm. Zunehmend ärgerte sich dessen Gemahlin darüber, dass er ganz unbefangen mit seinen vielen unehelichen Kindern verkehrte und diese gerne in seiner Nähe hatte. Auch mit der Mutter einiger von ihnen, seiner Geliebten Madame Hünecke, pflegte er wieder näheren Kontakt.

Dazu gab es Streit um Personalfragen. Doch noch gelang es dem Schwedter Paar immer wieder, sich zu versöhnen. Das ging eine Weile gut, aber zunehmend geriet die auf Ausgleich bedachte Sophie genau wie ihre Schwester in Ansbach zwischen die Fronten von Ehemann und Vater. Die beiden Friedrich Wilhelme stritten sich um den Gehorsam, den der Schwedter Vetter dem Preußenkönig schuldete. Immer wieder stiftete der Markgraf seine Frau dazu an, Hilfe und Unterstützung des Familienchefs einzufordern bei Dingen, die man eigentlich nicht gutheißen konnte. Denn »Fritze« versuchte mit Schikanen und unfairen Tricks, seinen persönlichen Landbesitz auf Kosten seiner Nachbarn zu erweitern, und setzte sich dabei dreist über geltendes Recht hinweg. Das aber wollte ihm der auf Redlichkeit bedachte König nicht durchgehen lassen. Sophie musste es dann ausbaden, wenn es ihr nicht gelungen war, den Vater wie gewünscht zu beeinflussen. Dies zerstörte langsam aber sicher auch ihre Gesundheit. Trotz ihrer Gutmütigkeit gab es öfters Auseinandersetzungen, die damit endeten, dass die junge Markgräfin zu ihren Eltern nach Berlin reiste und dort ihre immer häufiger auftretenden Krankheiten – Ausdruck ihrer verzweifelten Seele – auskurierte. Bereits mit 20 Jahren machte sich das Erbübel der Hohenzollern bei ihr bemerkbar, eine Herzschwäche, die Wassersucht auslöste, so dass Sophie wegen ihrer geschwollenen Füße manchmal kaum gehen konnte.

Am 22.4.1738 gab es weiteren Nachwuchs im Hause Schwedt, zur Enttäuschung aller wieder ein Mädchen. Auf die Namen Anna Elisabeth Luise getauft, sollte die eigenwillige Kleine später durch eine Liebesheirat innerhalb der Familie alle überraschen.

Als 1740 der Soldatenkönig gestorben war und Friedrich II. den Thron bestieg, verschlechterte sich das Verhältnis zwischen dem Königshaus und den Schwedter Vettern abermals. Grollend nahm der große Friedrich zur Kenntnis, dass der Markgraf ständig mehr das Interesse an seinen soldatischen Pflichten verlor. Da er seinen Schwager ohnehin wegen dessen »Kulturlosigkeit« verachtete und mit dem Spitznamen »großer Schöps« (= Hammel) belegte, dachte er diesem auch keine ernsthafte Rolle innerhalb der preußischen Armee zu. Der Markgraf fühlte sich kaltgestellt und trieb weiterhin Opposition, dabei ständig austestend, wie weit er gehen konnte. Sein Glück dabei war, dass König Friedrich sich aus Scham vor ausländischen Beobachtern genierte, ihm – etwa durch Festungshaft – seine Grenzen aufzuzeigen und somit schlechtes Licht auf den preußischen Staat zu werfen.

Groß war der Jubel in Schwedt, als endlich am 11.9.1741 ein Sohn geboren wurde – Georg Philipp Wilhelm –, und ebenso groß die Trauer, als das Kind am 28.4.1742 wieder verstarb. Der kleine Prinz wurde ein Opfer der leidigen Fieberkrämpfe, als sieben Milchzähne gleichzeitig durchbrachen. Es dauerte einige Jahre, bevor Markgräfin Sophie noch einmal schwanger wurde. Die am 10.10.1745 geborene Philippine Auguste Amalie, später eine der schönsten Fürstinnen ihrer Zeit, konnte ihrem Vater schon in der Jugend nichts recht machen. Ob es daran lag, dass er sich über ihr Geschlecht ärgerte oder über Philippines unwandelbare Unterstützung der Mutter, vermochte niemand zu sagen.

Einen Wendepunkt stellte das kurze Leben des zweiten Sohnes dar. Der am 3.5.1749 Geborene wurde wie sein verstorbener Bruder auf die Namen Georg Philipp Wilhelm getauft, wurde aber nur zwei Jahre alt. Am 13.8.1751 starb das Kind und mit ihm endgültig die zuvor schon brüchig gewesene Ehe seiner Eltern. Seit März 1752 lebten Sophie und Friedrich Wilhelm meist getrennt: Sie hauste im Schlösschen Monplaisir, er im Jagdschloss Wildenbruch. Neutrales Gebiet blieb das Stammschloss in Schwedt, wo man aber nur zu offiziellen Anlässen auftauchte.

Sophies Beziehung zu ihrem Bruder Friedrich war nicht so intensiv wie die ihrer Schwestern Charlotte und Wilhelmine. Dies lag vor allem am unmöglichen Betragen ihres Gemahls, der es nun aber aufgab, sie für seine Zwecke einzuspannen, und sich stattdessen auf Schikanen und Nadelstiche verlegte, um sie zu quälen. Wegen der Abneigung des Königs gegen den Schwedter Schwager mied Friedrich jede Gelegenheit, mit diesem Verwandten zusammenzutreffen, und schlug daher auch die Einladung zu Dorothees Hochzeit aus.

Eine weitere Hochzeit fand am 27.9.1755 in Berlin statt, denn die zweite Tochter Luise hatte sich in ihren nur acht Jahre älteren Onkel Ferdinand verliebt, das jüngste unter den Geschwistern Friedrichs des Großen. Während der König die Ehe befürwortete und auch Sophie nach anfänglichem Zögern zustimmte, lehnte Markgraf Friedrich Wilhelm diesen Plan ab, wurde aber überstimmt.

Die Behauptung, Sophie habe keine geistigen Interessen gepflegt, entspricht nicht den Tatsachen. Sie sammelte Gemälde (und hinterließ bei ihrem Tod über 200 Stück), außerdem kostbares Porzellan, Tabatièren und Uhren. Dass sie auch selbst malte, ist bereits erwähnt worden. Der Briefwechsel mit dem Bruder Friedrich intensivierte sich, als die Maßnahmen des »tollen Markgrafen« gegen seine Frau zunahmen und sich der König genötigt sah, etwas zu Sophies Schutz zu unternehmen. Er verlegte ein Dragonerregiment nach Schwedt und stellte es unter das Kommando des Oberstleutnants Carl Friedrich von Meier, der in den folgenden Jahren zur Vertrauensperson der gepeinigten Markgräfin und später sogar in ihrem Testament bedacht wurde. Die Familie spaltete sich, als die Töchter sich für oder gegen den Vater erklärten.

1758 kam es zur Eskalation. Sophie litt inzwischen sehr schwer an ihrer Herzinsuffizienz und der damit einhergehenden Wassersucht, doch der gehässige Ehemann verweigerte ihr Geld selbst für die nötigsten Dinge. Er ließ Sophie und ihrem Personal Lebensmittel und Brennholz vorenthalten und sogar die Öfen aus den Zimmern reißen, damit niemand mehr dort heizen konnte. Die 13-jährige Tochter Philippine wurde von groben Stallknechten aus ihrem Appartement geworfen und mit ihren Bediensteten in kleine Räume verwiesen, deren Türen man bis auf eine vernagelte. Als die Königinmutter Sophie Dorothea gestorben war, verheimlichte Friedrich Wilhelm dies seiner Frau, und als sie es dann doch erfuhr und die Schwedter Kirche mit Trauerdekoration schmücken ließ, wurde diese auf seinen Befehl wieder abgerissen. Bei der Beisetzung der Schwiegermutter jedoch, die ohne Sophie stattfinden musste, genoss er seinen Auftritt unter den Hauptleidtragenden.

Über diese Zustände klärte Nichte Dorothee ihren Onkel Friedrich auf, da ihre Mutter entweder schon zu schwach dazu war oder sich schämte. Der König drohte jetzt dem Markgrafen mit Festungshaft,

Georg Philipp Wilhelm (1749-1751) und Philippine (1745-1800) von Brandenburg-Schwedt mit Kammermohr; Ölbild (Ausschnitt) von B. A. R. Lisiewska, um 1750

wenn er sich nicht ändere. Während des Siebenjährigen Krieges leistete sich Friedrich Wilhelm auch das eine oder andere skurrile Abenteuer. Es störte ihn ohnehin, dass seine kleine Herrschaft durch die Kriege des großmächtigen Schwagers immer wieder in Mitleidenschaft gezogen wurde. 1757 beispielsweise mussten horrende Zahlungen an Schweden entrichtet werden, um sich von Plünderungen freizukaufen.

Es zeichnete sich ab, dass die Markgräfin bald ihrer Krankheit erliegen würde. Nach dem Friedensschluss von Hubertusburg 1763 erfolgte schrittweise eine Versöhnung der Eheleute, soweit dies noch möglich war. Die meist bettlägerige Sophie trat wieder in einen intensiven Briefwechsel mit Friedrich Wilhelm, der sich immer noch offen als Frauenheld aufführte und nun mit einer Frau von Thiele zusammenlebte, die er von seinem Vetter Carl »übernommen« hatte. Schon die Zeitgenossen zweifelten zunehmend an seiner geistigen Gesundheit. Doch ob die Anekdote stimmt, wonach der Markgraf zu Pferd in das Schlafzimmer seiner sterbenden Gemahlin eingedrungen sei, wird inzwischen bezweifelt.

Sophie starb im Beisein ihrer Familie am 15.11.1765 und wurde zunächst in einem völlig schmucklosen Sarkophag in der Stadtkirche zu Schwedt beigesetzt. Von 1777 bis 1779 wurde für die französische Gemeinde der Stadt eine eigene Kirche erbaut, und in dieser wurde eine Familiengruft eingerichtet, in die die sterblichen Überreste der Markgräfin überführt wurden. Während der Umwandlung der Französischen Kirche in eine Konzerthalle wurde das Grab 1983/84 abermals verlegt: Mit der ganzen Familie brachte man Sophie in den Berliner Dom, wo nun alle in der Hohenzollerngruft ruhen.

»Sie war eine sehr gute Fürstin, die im Leben wenig Glück genossen hat«, schrieb Graf Lehndorff, Kammerherr der Königin Elisabeth Christine, in sein Tagebuch. »Ihr Gatte war der schlechteste Fürst, den es je gegeben hat, und sie hatte deshalb eine traurige Jugend bei ihm verlebt.« Der so Titulierte überlebte seine Frau um sechs Jahre, in denen ihm Gicht, Verdauungsprobleme, Augenleiden und Wassersucht zunehmend zu schaffen machten. Schließlich erlag Friedrich Wilhelm am 5.3.1771 mit 70 Jahren einer Erkältung, die er sich beim Fischen zugezogen hatte.

Da keiner der beiden ehelichen Söhne das Erwachsenenalter erreicht hatte, trat sein Bruder Heinrich (1709-1788) nun die Regierung an. Dieser hatte, des Selbstbewusstseins und der Vorhaltungen seiner einstigen Jugendliebe Leopoldine überdrüssig, seine Frau vom König für immer in das Städtchen Kolberg verbannen lassen. Auch aus dieser Ehe gab es keinen Sohn, dafür jedoch zwei Töchter mit unterschiedlichen Schicksalen. Friederike (1745-1808), die Ältere, wurde Fürstäbtissin in Herford und erlag dem Alkohol. Die hochsensible Luise (1750-1811) hingegen verheiratete Friedrich der Große gegen ihren Willen mit Fürst Franz von Anhalt-Dessau, dem Initiator des berühmten Wörlitzer Gartenreiches. Sie suchte auf Reisen Glück und Erfüllung zu finden, während ihr Mann sich ungeniert mit wechselnden Mätressen und Lebenspartnerinnen auslebte.

Erwähnenswert ist schließlich noch das Schicksal der pfiffigen Schwedter Prinzessin Philippine, deren »Eigensinn« – sprich Selbstbewusstsein – sich herumsprach und verhinderte, dass sie bereits im Teenageralter verheiratet wurde. Für die damalige Zeit mit 27 Jahren ein recht spätes Mädchen, wurde sie die zweite Gemahlin des verwitweten, um 25 Jahre älteren Landgrafen von Hessen-Kassel. Die von ihr angewandte List muss wohl mit ihrem Onkel, König Friedrich, abgesprochen gewesen sein, da er einerseits seiner Nichte sehr gewogen war und andererseits seinen Leibarzt anwies, mitzumachen. Denn in der Hochzeitsnacht stellte Philippine ihren Gemahl mit einem Attest vor vollendete Tatsachen, dass sie aus medizinischen Gründen niemals schwanger werden dürfe. Dem Herrscher waren jedoch die guten Beziehungen zu Preußen und das Renommée seiner Braut so wichtig, dass er dies hinnahm. Philippine geriet allerdings in Nöte, als sie sich heimlich in ihren späteren Oberhofmeister verliebte, Georg Ernst Levin von Wintzingerode, und 1777 einen Sohn vom ihm gebar. Ihre Schwester Dorothee half ihr dabei, alles zu vertuschen, indem sie Philippine zu sich nach Württemberg einlud, wo der Junge in Mömpelgard zur Welt kam und als Georg Philippson aufwuchs. 1786 wurde die Landgräfin Witwe, etablierte in Hanau einen Musenhof und heiratete nach dem Tod seiner Gemahlin den zum Grafen erhobenen Herrn von Wintzingerode. Mit nur 55 Jahren erlag sie in Berlin einem Schlaganfall.

Mit ausschließlich weiblichen Nachkommen starb die Schwedter Linie aus, und die zur Herrschaft gehörenden Gebiete kamen nun wieder zu Preußen – wie es der Soldatenkönig einst erhofft hatte. Wer heute noch auf den Spuren der Schwedter Markgräfin wandeln will, wird es schwer haben: Im Zweiten Weltkrieg hart umkämpft, wurde die Stadt an der Oder 1945 zu 85% zerstört. Auch das repräsentative Schloss brannte aus. Ein Wiederaufbau passte nicht in das ideologische Konzept der DDR. Die Ruine ließ man daher 1962 abreißen und an ihrer Stelle ein Kulturhaus errichten.

Luise *Ulrike*

(*24.7.1720 - †16.7.1782)

Besonders begeistert war niemand, als ein weiteres Mädchen, das insgesamt zehnte Kind, die Runde der Preußen-Geschwister vergrößerte. Fünf lebende Töchter und nur ein Sohn – das war in den Augen des Soldatenkönigs ein arges Missverhältnis, was er grummelnd sogleich seinem Freund Fürst Leopold I. von Anhalt-Dessau schriftlich mitteilte. Vier Tage vor der Geburt der Kleinen war eine für Preußen vorteilhafte Konvention mit Schweden unterzeichnet worden. Daher bestand der König nun darauf, der neugeborenen Tochter als Rufnamen den Namen der schwedischen Königin Ulrike zu geben, einer Schwester Karls XII., und diese zur Patin zu wählen. »Luise« hieß das Kind nach seiner Urgroßmutter, der ersten Gemahlin des Großen Kurfürsten.

Zwei Jahre lang war Friedrich Wilhelm I. trotz der anfänglichen Enttäuschung in das drollige und ungewöhnlich schöne Mädchen vernarrt. Ulrike genoss die ungetrübte Zuwendung des Vaters, wie sie ihren Geschwistern – vielleicht mit Ausnahme Charlottes – nicht oder kaum zuteil wurde. Dann teilte sie plötzlich deren Schicksal, als »endlich« noch ein Junge zur Welt kam, August Wilhelm. Jetzt war sie uninteressant geworden und spürte diese Zurücksetzung recht deutlich. Wie die älteren Prinzessinnen, so wurde auch Ulrike von der warmherzigen alten Madame de Rocoule erzogen – aber nur, bis eine weitere Schwester geboren wurde und es der betagten Erzieherin zuviel wurde. Diese Schwester war die drei Jahre jüngere Anna Amalie.

Da sich Ulrike und Amalie ihre Räumlichkeiten teilten, wurde die Ältere ab 1740 das »Opfer« von Amalies Musikbegeisterung. Unermüdlich übte die Hochbegabte auf Spinett und Klavier, dann auch auf der Laute, und vergällte der Schwester damit erst einmal die Beschäftigung mit Musik. So hieß es bald am Hof, Ulrike sei aus der Art geschlagen und unmusikalisch. Erst als Erwachsene, als sie bereits verheiratet war, fand sie Spaß am Musizieren und übte sich nun umso eifriger im Klavierspiel, zum großen Erstaunen derer, die sie als Teenager gekannt hatten. Natürlich flehte Ulrike jahrelang um das Zugeständnis eines eigenen Zimmers, in dem sie nicht vom Lesen und Lernen abgelenkt sein würde, aber das

Luise Ulrike
Königin von Schweden ab 1751;
Ölbild von A. Pesne, um 1744

wurde ihr wie so vieles andere verweigert. Immerhin erhielt sie, allerdings wohl erst nach der Thronbesteigung ihres verständnisvollen Bruders Friedrich, etwas, wonach ihre älteste Schwester Wilhelmine sich immer gesehnt hatte: Unterricht bei bedeutenden Gelehrten, die ihre Lust am Wissen anregten und förderten. Ulrike war ein vielseitig begabter Mensch, dem das Lernen leichtfiel. Das sollte ein Leben lang so bleiben. In physischer Hinsicht hatte sich bei ihr, wie bei fast allen ihren Geschwistern, der kleine Wuchs des preußischen Großvaters Friedrich durchgesetzt. Ulrike war die Kleinste der Schwestern, dabei sehr zierlich und graziös. Auch sie besaß große, hellblaue Augen – ein weiteres Erbstück, das von beiden, eng miteinander verwandten Eltern kam – und führte daher sogar den familiären Spitznamen »les beaux yeux«. Sie verstand es, andere zu bezaubern, und war anscheinend meistens gut gelaunt. Doch auch sie war von einer unstillbaren Spottlust besessen und besaß eine spitze Zunge, die ihr, zusammen mit einer völlig undiplomatischen Art, noch viel Ärger einbringen sollte. Friedrich der Große nahm kein Blatt vor den Mund, als er ein wenig schmeichelhaftes Bild seiner Schwester entwarf. »Jähzornig, hochmütig und intrigant« nannte er sie, womit die schlechtesten Eigenschaften beider Eltern zusammengefasst waren.

Zu Lebzeiten des Vaters kam es zu keiner Eheschließung der Prinzessin. Als Fünfzehnjährige sollte sie nach dem Willen der Mutter mit ihrem englischen Vetter vermählt werden; denn unverdrossen bastelte Sophie Dorothea weiter an ihrem Lebenstraum, den ihr nun eben eine andere Tochter erfüllen sollte. Wieder durchkreuzte der Soldatenkönig alle schönen Pläne. Ein Jahr danach fragte der 17-jährige Erbprinz Ludwig von Hessen-Darmstadt an, der es in preußischen Diensten später bis zum Chef eines Infanterieregiments bringen sollte. Barsch fertigte ihn der König ab: Er habe »arme Schwiegersöhne ohnehin schon in genügender Zahl«. Ludwig heiratete schließlich die hochgebildete Karoline von Zweibrücken-Birkenfeld, die bald darauf zur geschätzten Freundin Friedrichs des Großen und Ulrikes jüngerer Schwester Amalie avancieren sollte. Mit Sicherheit wäre Prinzessin Ulrike genauso unglücklich geworden wie Karoline an der Seite eines Gatten wie Ludwig: Militär und Jagd waren sein ganzer Lebensinhalt, und er zog sich schließlich in das Städtchen Pirmasens im Pfälzer Wald zurück, um diesen Leidenschaften dort ungestört frönen zu können.

Schließlich trat König Karl III. von Spanien auf den Plan. Wütend kritzelte der Soldatenkönig auf den Rand des schriftlichen Antrags: »Hundsfötter! Lieber sie [sic] den Hals abschneiden als katholisch!« Noch weitere Bewerber wurden abschlägig beschieden, und in seinem Testament vermachte der sterbende König seiner Tochter schließlich eine Summe, mit der sie Koadjutorin im evangelischen Damenstift Quedlinburg werden konnte.

Im März 1744 wurde nach langen Verhandlungen beschlossen, die 23-jährige Ulrike, nach den Maßstäben ihrer Familie bereits ein spätes Mädchen, mit dem um elf Jahre älteren schwedischen Thronfolger zu verheiraten. Es handelte sich um den Fürstbischof von Lübeck, Herzog Adolf Friedrich von Holstein-Gottorp (in Schweden später Adolf Fredrik genannt), der am 14.5.1710 im Schloss Gottorf bei Schleswig zur Welt gekommen war. Sofort begann die Braut, Schwedisch zu lernen und sich auf ihren Übertritt zur lutherischen Konfession vorzubereiten. Ihre jüngere Schwester Amalie hatte ihr eben wegen dieser Notwendigkeit den Vortritt gelassen bei den Verhandlungen um eine Eheschließung. Sie war nicht bereit, dafür ihren angestammten Glauben aufzugeben. König Friedrich weihte nun seine Schwester in – ihr gegenüber bis dahin geheimgehaltene – politische Informationen ein, damit sie auf dem schwedischen Thron die Interessen Preußens umso besser wahrnehmen könnte.

Am 17.7.1744 fand im Berliner Schloss eine prunkvolle Hochzeit statt, bei der Ulrikes Bruder Wilhelm den Bräutigam vertrat. Bald darauf machte sich die frischgebackene Kronprinzessin Schwedens auf den Weg in die neue Heimat, doch es sollte bis zum 8. August dauern, bis sie endlich ihrem Gemahl persönlich gegenüberstand. Vor lauter Aufregung zerbrach Ulrike ihren Fächer. Adolf Fredrik lachte, hob ihn auf und stiftete sogleich einen Orden, dessen Grundform ein ausgebreiteter Fächer bildete.

Als einziger der Schwestern Friedrichs des Großen sollte es Ulrike vergönnt sein, zumindest für längere Zeit eine ungetrübt glückliche Ehe zu führen. Ihr Gemahl verliebte sich sozusagen auf den ersten Blick in sie – ein Gefühl, das zum Glück erwidert wurde – und machte ihr etliche Jahre weder mit Mätressen Kummer, noch hinderte er sie daran, ihre geistige Überlegenheit zu zeigen und auszuleben. Adolf Fredrik war ein gutmütiger und liebenswerter, auch etwas phlegmatischer Mensch, der einer gewissen Lenkung bedurfte und somit die ideale Ergänzung für Ulrikes bestimmendes Wesen bildete. Unter sich sprachen die beiden übrigens deutsch, mit den Kindern in der Hauptsache französisch. Schwedisch blieb die Umgangssprache für die Untertanen.

Auf das junge Glück fiel zunächst jedoch ein dunkler Schatten. Das erste Kind des Paares kam im April 1745 zu früh zur Welt und wurde tot geboren. Sein Geschlecht ist nicht bekannt. Unmittelbar nach dieser Katastrophe wurde Ulrike erneut schwanger. Und diesmal verlief alles in puncto dynastischer Pflichterfüllung perfekt: Am 24.1.1746 gebar sie den Thronfolger Gustav, der nun gemeinsam mit seinem preußischen Onkel Friedrich dem Großen Geburtstag hatte und genau 34 Jahre jünger war als dieser.

Gustav erwies sich als sehr begabter Junge, der sich nach Kräften bemühte, den Lehrplan abzuarbeiten, den seine ehrgeizige Mutter für ihn aufgestellt hatte – ein Pensum, das selbst manchem Erwachsenen zuviel gewesen wäre. Kindliches Spiel war in Ulrikes Augen überflüssige Zeitverschwendung, denn von Gleichaltrigen könne ihr Sohn nichts lernen. Sie verhielt sich dem Kind gegenüber ambivalent: Abwechselnd wurde Gustav mit Affenliebe verhätschelt und dann wieder gnadenlos gefordert und zu Höchstleistungen angetrieben. Vielleicht erklärt sich, zumindest teilweise, seine zwiespältige Haltung Frauen gegenüber hieraus sowie das Misstrauen, das er anderen Menschen noch lange nach dem Kennenlernen entgegenbrachte. Vor allem aber ließ sich Gustav – nach dem Tod seines Vaters als Gustav III. Herrscher über Schweden – in politischer Hinsicht von seiner Mutter beeinflussen, die ihm einredete, nur ein absolut herrschender König sei ein wirklicher Regent, jemand, der diese Bezeichnung auch verdiene. Wie wir sehen werden, sollte diese Haltung noch weitreichende Folgen nach sich ziehen.

Am 7.10.1748 wurde Karl, Herzog von Södermanland, geboren. Im Alter sollte er noch unverhofft den Thron besteigen. Denn sein Neffe Gustav IV. Adolf, der seinem Vater Gustav III. in der Regierung nachgefolgt war, agierte äußerst glücklos gegen Napoleon und wurde deshalb

1809 von den schwedischen Reichsständen kurzerhand abgesetzt. Seine fünf Kinder schloss man von der Thronfolge aus. Damit war der Weg für seinen älteren Onkel frei. Als Karl XIII. herrschte der frühere Herzog von Södermanland nicht nur über Schweden, sondern ab 1814 auch in Norwegen.

Karl war nicht untalentiert – er hinterließ zahlreiche Schriften und autobiographische Zeugnisse –, verhielt sich jedoch leichtsinnig und war als faul verschrieen. Als junger Mann entzog er sich mit zunehmendem Alter dem dominierenden Einfluss seiner Mutter Ulrike und nahm sich seinen älteren Bruder Gustav III. zum Vorbild. 1774 heiratete er Hedwig Charlotte von Oldenburg. Er widmete seine Zeit abwechselnd verschiedenen Geheimbünden und unterschiedlichen Mätressen, für die er bedenkenlos das Geld zum Fenster hinauswarf. Da die beiden ehelichen Kinder Karls nur wenige Tage alt geworden waren, adoptierte er nach seiner späten Thronbesteigung auf Napoleons Geheiß einen französischen, bürgerlich geborenen Marschall als Nachfolger, der dann eine neue, bis heute bestehende Dynastie gründete: Jean-Baptiste Bernadotte.

Karl XIII. starb 60-jährig am 5.2.1818. Oft wird er als »der letzte Wasa« bezeichnet, doch genau betrachtet fanden sich die Gene jener berühmten Monarchenvorfahren bei Karl und seinen Geschwistern nur noch in homöopathischer Dosis.

Ulrikes dritter Sohn kam am 18.7.1750 zur Welt und wurde Fredrik Adolf getauft. Mit dem Titel eines Herzogs von Östergötland bedacht, zeigte er sich als ähnlich weicher und beeinflussbarer Charakter wie sein Vater. Trotz der ewig schwachen Gesundheit verfolgte er eine Karriere beim Militär, hatte aber sonst keine besonderen Neigungen oder Aufgaben. In den Familienstreitigkeiten, von denen noch die Rede sein wird, lavierte sich der Prinz hindurch, indem er mal dem königlichen Bruder recht gab, mal die Seite der Mutter Ulrike einnahm, deren Lieblingskind er gewesen zu sein scheint. Von ansprechendem Äußeren, hatte der Prinz stets Erfolg bei den Frauen. Doch insgesamt dreimal platzten Verlobungen mit schwedischen Gräfinnen, als deren Familien energisch einschritten. Auch andere, hochoffizielle Eheprojekte scheiterten.

So war die beständigste Beziehung des Prinzen die zu der Ballerina Sophie (eigentlich Anna Stina) Hagman (1758-1826), mit der er in freier

König Adolf Fredrik von Schweden;
Ölbild von A. Pesne, um 1745

Gemeinschaft lebte. Das Paar hatte eine 1787 geborene Tochter. Als Fredrik Adolf sich mit der notorisch promisken Schauspielerin Euphrosyne Löf einließ, holte er sich die Syphilis und suchte vergebens die Krankheit im südfranzösischen Montpellier auszuheilen. Am 12.12.1803 starb er dort, nur 53 Jahre alt.

Das letzte der fünf Kinder Ulrikes und Adolf Fredriks war schließlich ein Mädchen. Sophie Albertine kam am 8.10.1753 zur Welt: Zu dieser Zeit saßen die Eltern bereits seit zwei Jahren als regierendes Paar auf Schwedens Thron. Wie ihr etwas älterer Bruder Fredrik Adolf, so wurde auch die Prinzessin »nach preußischer Art« erzogen, also ziemlich streng. Als Heranwachsende gewann sie die besondere Zuneigung ihres Onkels

Königin Luise Ulrike;
Ölbild von L. Pasch, um 1778

Heinrich von Preußen. Der geniale Feldherr nannte sie Sophie-Lilla (= kleine Sophie). Auch Sophie hielt in den familiären Auseinandersetzungen fast immer zur Mutter.

Nach einer unglücklichen Liebesaffäre entschied sich die Prinzessin für den Eintritt ins deutsche Damenstift Quedlinburg, wo sie schon 1767 zur Koadjutorin bestimmt worden war und 1787 ihrer Tante Anna Amalie als Äbtissin nachfolgte. Dort wirkte sie mit einigen Reformen, u.a. zugunsten des Armenwesens, durchaus segensreich. Nach drei Jahren jedoch verbrachte sie immer mehr Zeit in ihrer Heimat Schweden. Im September 1803 kehrte sie für immer dorthin zurück, nachdem das Territorium des Stifts dem Land Preußen zugeschlagen worden war. Als »Letzte der Wasa« verbrachte sie ihre Tage hochgeehrt am Hof der neuen Dynastie der Bernadottes und starb am 17.3.1829.

Das politische Wirken von Adolf Fredrik und Lovisa Ulrika – so hieß das Monarchenpaar auf schwedisch – trat im Frühjahr 1751 in seine entscheidende Phase, denn die beiden bestiegen nach dem Ableben von König Fredrik I. den Thron. Von absolutistischer Herrschergewalt, wie es in Preußen selbstverständlich war, konnte in Schweden nicht die Rede sein. Der König nahm vor allem Repräsentationsaufgaben wahr. Die eigentliche Macht lag in den Händen einander widerstreitender Adelsparteien. Es gab die »Hüte«, die unter französischem Einfluss standen und später zur Hofpartei wurden. Ihre Gegenspieler nannte man »Mützen« – diese vertraten die Interessen Russlands, des großen und gefährlichen Nachbarn im Osten. Sie wandelten sich später zur Freiheitspartei.

Während Adolf Fredrik sich mit seiner Rolle zufriedengab, störte es Ulrike ungemein, sich die Macht mit Leuten teilen zu müssen, denen diese ihrer Ansicht nach nicht zustand. Sie begann Intrigen zu spinnen und ließ nichts unversucht, dem Königtum zu mehr Stärke zu verhelfen. Dabei war es ihr gleichgültig, ob sie damit den Interessen ihres Bruders Friedrich diente oder nicht. Ulrike verfolgte Pläne, die der Richtung der preußischen Außenpolitik vollkommen zuwiderliefen. Ihre schon erwähnte undiplomatische Art führte manchmal fast zu Staatskrisen, etwa wenn die Königin ihr unsympathische Botschafter fremder Mächte brüskierte oder die Mitglieder des schwedischen Senats mit kleinlichen Schikanen ärgerte. Ein 1756 von ihr eingefädelter Staatsstreich zur Wiederherstellung der absoluten Monarchie wurde in letzter Minute vereitelt. Als Höhepunkt der Demütigung musste das Königspaar erleben, dass die Häupter der Verschwörung, natürlich allesamt Mitglieder der Hofpartei, hingerichtet und viele weitere seiner Anhänger mit Verbannung, Haft oder Geldstrafen belegt wurden.

Es sollte aber noch schlimmer kommen. Die schwedischen Stände ließen ein Dokument abfassen – die »Reichsakte« –, in dem man erklärte, für diesmal noch dem Herrscherpaar dessen Unbotmäßigkeit zu verzeihen. Bei jedem weiteren Versuch, die absolute Macht an sich zu reißen, werde sich der Adel jedoch des Huldigungseids entbunden erachten und sich gezwungen sehen, den König samt Gemahlin abzusetzen. Das traf Adolf Fredrik, der ohnehin nur halbherzig und auf Drängen seiner Frau mitgemacht hatte, so schwer, dass er ernsthaft erkrankte. Ulrike hingegen erlitt mehrere Nervenzusammenbrüche, rappelte sich dann aber wieder auf.

Eine missliche Lage entstand erneut, als in Europa der Siebenjährige Krieg ausbrach und der schwedische Senat entschied, auf Seiten der Feinde Preußens zu kämpfen. Dennoch lief die Korrespondenz Ulrikes mit ihrem Bruder, König Friedrich, ungestört weiter.

Mehr Glück als in politischen Dingen hatte Königin Ulrike in kulturellen Angelegenheiten. Schon kurz nach ihrer Ankunft in Schweden hatte sie damit begonnen, Dichter, Musiker und Künstler aller Art an den Hof zu ziehen und diesen zu einem strahlenden Zentrum der Kunst zu machen. In den Schlössern wurden Gemälde berühmter Meister gesammelt und ausgestellt, allerlei Kunsthandwerk zur Ausstattung in Auftrag gegeben. Berühmte Opernensembles gastierten in Stockholm und, ihrer Vorliebe für alles Französische folgend, lud die Königin auch viele französische Schauspieltruppen ein. Auf ihren Kontakt zu Voltaire, der sich bei einem Berlinaufenthalt einmal unsterblich in sie verliebt hatte – und dafür von König Friedrich derb getadelt und verspottet worden war –, hielt sich Ulrike viel zugute. Wie bereits berichtet, widmete sie sich ab 1753 wieder selbst dem Musizieren. Angeregt hatte sie dazu ihr Mann, der gut Cello spielte und gemeinsam mit ihr Duette einüben wollte.

Auch die Pflege der Naturwissenschaften kam nicht zu kurz. Der berühmte Botaniker Linné wurde berufen, die Sammlungen auf Schloss Drottningholm zu ordnen und zu katalogisieren, und gewann durch seine Bildung und sein einnehmendes Wesen die Gunst des Herrscherpaares. Auf Anregung Ulrikes wurde 1753 die Schwedische Akademie der Wissenschaften gegründet, ein Jahr danach das Stockholmer »Museum Adolphi Friederici«. 1764 folgte das »Museum Ludivicae Ulricae Reginae«, ebenfalls in Stockholm. Kein Wunder, dass in der Kasse der Königin ständig Ebbe herrschte. Den Bruder auf dem preußischen Thron anzubetteln, nutzte nichts – elegant verwies Friedrich darauf, dass man doch viel besser französische Geldquellen anzapfen könne.

Im Jahr 1770 fand es der »Alte Fritz« einmal an der Zeit, seinem rebellischen »kleinen« Bruder Heinrich etwas entgegenzukommen. Und so gestattete er ihm eine Reise zu der gemeinsamen Schwester nach Schweden. Ulrike hatte seit 26 Jahren niemanden mehr aus der eigenen Familie gesehen und zeigte sich entsprechend gerührt. Heinrich wurde seiner unterhaltsamen Art wegen sehr geschätzt und ließ sich auch gern selbst durch Zerstreuungen aller Art unterhalten. Die beiden Geschwister erneuerten und vertieften ihre Beziehung zueinander, bis Heinrich vom königlichen Bruder die Erlaubnis erhielt, nach Russland zu einem Besuch bei Katharina der Großen weiterzureisen.

Im Gegenzug fuhr Ulrikes zweitältester Sohn Karl, der Herzog von Södermanland, im selben Jahr nach Berlin, um seine dortigen Verwandten kennenzulernen. Friedrich der Große sagte ihm seine Meinung über Königin Ulrike: »Ich habe ihr all ihr Missgeschick vorausgesagt; man muss ihr freilich zugute halten, dass sie von Anfang an schlecht geleitet worden ist [...].«

Ungefähr zehn Jahre war das Königspaar im Amt, als Ulrikes Gemahl eine Art midlife crisis durchlebte – um einen modernen Ausdruck zu gebrauchen. Zum Erstaunen des gesamten Hofes wandte er sich nach 15 Ehejahren einer anderen Frau zu, nachdem er seiner Gemahlin bis dahin treu geblieben war. Marguerite du Londel, geborene Morel (1737-1804), war eine bekannte französische Ballerina, Schauspielerin und Sängerin, die mit ihrem Mann Louis eine Theatertruppe führte und 1755 ermuntert worden war, mit dieser in Schweden zu gastieren. Sie kam, um zu bleiben: Von 1760 bis 1765 war sie die Geliebte des Königs Adolf Fredrik, der ihr eine Wohnung im Palast einrichten ließ. Damit war sie auch räumlich besser in der Lage, ihren Aufgaben als Französisch- und Tanzlehrerin der Prinzessin Sophie Albertine nachzukommen, als die man sie engagiert hatte. Marguerite gebar im Jahr 1761 dem Schwedenkönig einen Sohn, der Fredrik Fredriksson hieß und liebevoll »Frederici« gerufen wurde, aber schon im Alter von zehn Jahren starb. Für den Monarchen blieb damit sozusagen alles in der Familie, denn er hatte als ganz junger, noch unverheirateter Mann bereits mit Marguerite du Londels Schwiegermutter geturtelt. Marie-Jeanne du Londel, geborene Chateauneuf (1706-1772), war ebenfalls Schauspielerin und Theaterdirektorin und wurde die Mutter eines Sohnes namens Adolf Fredriksson (1734-1771), der später als Offizier beim schwedischen Heer unterkam.

Die tief enttäuschte Königin Ulrike versuchte, das Verhalten ihres Gemahls so gut es ging zu ignorieren. Sie handelte mit ihm aus, dass sie bereit sei, über andere Frauen in seinem Leben hinwegzuschauen, wenn er diese Beziehungen diskret behandeln und keine der Damen zur offiziellen Mätresse erklären würde. So geschah es.

Adolf Fredrik verliebte sich noch einmal, und zwar in die Baronesse Ulla (eigentlich Ulrica Elisabeth) von Liewen (1747-1775), eine Hofdame seiner Gattin. Eigentlich war Ulla mit Graf Per Brahe verlobt, doch der König spannte sie ihm kurzerhand aus. Aus der Liaison ging eine Tochter hervor, Charlotta (»Lolotte«, 1766-1840), die von dem Hofbeamten Eric Forssberg und dessen Frau adoptiert wurde. Die jüngste Tochter des schwedischen Königspaares, Sophie Albertine, stellte ab 1795 Nachforschungen über die Herkunft der vor ihr bis dahin geheimgehaltenen möglichen Verwandten an. Die Quedlinburger Äbtissin schockierte den preußischen Hof, als sie 1799 mit »Lolotte« in Berlin auftauchte und öffentlich erkärte, diese sei tatsächlich ihre Halbschwester.

Unverhofft und ganz plötzlich starb König Adolf Fredrik am 12.2.1771, erst 62 Jahre alt. Ulrike, die mit ihrem Gemahl 27 Jahre lang überwiegend in Harmonie gelebt hatte, konnte diesen Schlag lange nicht verwinden. Beim Tod des Vaters hielt sich Kronprinz Gustav zusammen mit seinem Bruder Fredrik Adolf gerade auf einer Bildungsreise in Paris auf. Ende März kehrten die beiden zurück, und der 25-jährige Gustav bestieg als der Dritte dieses Namens den schwedischen Thron. Seine Mutter glaubte nun, ihn beraten und im Hintergrund die Fäden ziehen zu können, doch Gustav machte schnell deutlich, dass er nichts weniger wünschte als das. Um die Aufdringliche loszuwerden, schlug er ihr vor, eine Reise in die alte Heimat zu unternehmen, wofür er großzügig Mittel und Bedienstete zur Verfügung stellte.

Anfang Dezember 1771 kam die schwedische Königinwitwe mit einem Gefolge von sage und schreibe 82 Personen in Berlin an. In den folgenden Monaten gaben sich die überlebenden Geschwister, die Ulrike zu Ehren zusammengekommen waren, alle Mühe. Es wurden großartige

Essen, Musikaufführungen, Ausflugsfahrten und vieles mehr veranstaltet. Ganze neun Monate hielt es die frühere Preußenprinzessin in der alten Heimat aus, bis König Friedrich ungeduldig wurde und durch die Blume auf die ihm entstehenden Kosten hinwies. Ulrike verstand den Wink und begab sich in kurzen Etappen zurück nach Schweden, wo sie staunend feststellte, dass ihr Sohn inzwischen geschafft hatte, was ihr selbst jahrzehntelang nicht gelungen war.

Am 19.8.1772 hatte Gustav III. mit Unterstützung Frankreichs die Revolution von oben gewagt und sich die Herrschaft über die Stände zurückerobert. Nach diesem gelungenen Streich konnte er nunmehr darangehen, seine Ideen von einem aufgeklärten Absolutismus zu verwirklichen. Als Erstes wurde die Folter abgeschafft und wurden den Bauern mehr Rechte zugestanden, und sodann wurde ein umfangreiches Reformprogramm in Gang gesetzt. Damit brachte Gustav einen Großteil des Volkes auf seine Seite. Doch privat war es ausgerechnet wieder die Mutter, die ihm die Freude am Dasein vergällte.

Schon zu Beginn ihrer Jahre in Schweden hatte Ulrike einen unausrottbaren Hass auf alles Dänische entwickelt. Besonders geärgert hatte sie der Entschluss des Senats, den damals erst fünfjährigen Thronfolger mit der gleichaltrigen dänischen Prinzessin Sophia Magdalena zu verloben. Als das junge Paar am 4.11.1766 heiratete, begann für Sophia – ein verhuschtes und schüchternes, dabei gutherziges und tief frommes Geschöpf – ein Martyrium, das erst mit dem Tod der Schwiegermutter enden sollte. All ihre Wut auf Dänemark ließ Königin Ulrike an der Gattin ihres Sohnes aus, der ihr nicht zu widersprechen wagte und dem seine Frau ohnehin äußerst gleichgültig war. Ulrike verleumdete und verspottete die abwesende Sophia in Gegenwart Gustavs, sorgte dafür, dass die dänischen Bediensteten der Schwiegertochter entlassen wurden, und verbot Sophia schließlich, Besuch jedweder Art zu empfangen. Die junge Frau wurde wie eine Gefangene gehalten. Gustav gab sich keinerlei Mühe, ihr zu helfen, denn obgleich von hübschem Äußerem, pflegte die Dänin Interessen, die nicht den seinen entsprachen. Statt für Theater und Schauspiel begeisterte sich Sophia für Sprachstudien und Kirchenmusik. Obendrein hatte die naive Prinzessin nicht die geringste Ahnung, woher wohl die kleinen Königskinder kamen. Gustav aber, der unter einer Phimose litt und aufgrund seiner Homosexualität Frauen ohnehin nicht als Partnerinnen bevorzugte, hatte nicht die Absicht, Sophia aufzuklären.

Insgeheim freute sich Ulrike, als ihr Sohn laut über eine Scheidung nachdachte. Doch diese Pläne durchkreuzte der tapfere und lebenserfahrene Oberstallmeister des Hofes, Adolf Fredrik Munck (1749-1831), der Gustav loyal ergeben und freundschaftlich zugetan war. Der notorische Frauenheld fungierte quasi als Sexualtherapeut und verhalf dem Paar in der Not zu Nachwuchs: Nach 12 Jahren kinderloser Ehe stellte sich am 1.11.1778 ein Sohn ein, der nach seinem Vater Gustav getauft wurde. Vier Jahre später kam ein weiterer Prinz zur Welt, Carl Gustav, der leider nur sechs Monate lebte.

Statt sich über die vorläufige Rettung der Dynastie zu freuen, ging Königinwitwe Ulrike in ihrem Hass gegen die Schwiegertochter so weit,

Königinwitwe Luise Ulrike;
Ölbild von A. Roslin, um 1775

überall zu behaupten, der bald zum Baron, dann zum Graf erhobene Munck habe selbst für Sophias Schwangerschaft gesorgt. Ihr Sohn habe sich ganz bewusst einen Bastard unterschieben lassen. Damit hatte sie den Bogen überspannt. Gustav verzieh seiner Mutter die Brüskierung nie. Ulrike durfte nicht an der Taufe des Thronfolgers teilnehmen und wurde vom Hof verbannt.

Ob die Enthüllung der Königinwitwe der Wahrheit entsprach, steht bis heute nicht zweifelsfrei fest. Wichtige Dokumente hierzu wurden laut Aussage der Königin Charlotte, der Gemahlin von Ulrikes zweitem Sohn (Karl XIII.), bewusst vernichtet. In ihrem Tagebuch berichtet sie von einer unglaublichen Abmachung: Die fromme Königin Sophia habe sich geweigert, auf Geheiß ihres Gemahls sich von Munck schwängern zu lassen. Daraufhin habe sich Gustav III. in aller Heimlichkeit von Sophia scheiden lassen, und der junge Geistliche Johan Wingard, der danach im Gegenzug für seine Willfährigkeit zum Bischof ernannt wurde, habe die Königin mit Munck getraut. Nun war der Weg frei, »legitimen« Nachwuchs zu zeugen. Nicht nur die Standeserhöhung, sondern auch diverse Ämter sowie eine große, von Königin Sophia bereitgestellte Geldsumme konnte Graf Munck als Belohnung einsacken. Nach dem Tod Gustavs III. hatte man es am Hof sehr eilig, ihn aus dem Land zu jagen.

Kein Beweis im strengen Sinne, aber doch ein eindeutiges Indiz ist die unglaubliche optische Ähnlichkeit zwischen Graf Munck und seinem mutmaßlichen Enkel Adolf Gustafsson (1820-1900). Dieser lebte bereits in einer Zeit, in der die Porträtfotografie erfunden war, und frühe Kameras hielten sein Aussehen gestochen scharf fest. Gustafsson entstammte der Beziehung des entthronten Königs Gustav IV. Adolf mit seiner Lebensgefährtin Maria Schlegel. Wenn tatsächlich Graf Munck und nicht Gustav III. dessen biologischer Vater war, ist die Erklärung der Übereinstimmung der Gesichtszüge sehr einfach. Und Königinwitwe Ulrike hatte keine Verleumdung in die Welt gesetzt, sondern eine Wahrheit beim Namen genannt, die ein Geheimnis hatte bleiben sollen. Das allerdings bekam ihr schlecht: Obwohl sich auch ihre jüngeren Kinder auf ihre Seite stellten, drohte König Gustav III. seiner Mutter mit Verbannung nach Pommern und zwang sie, ein Schriftstück zu unterzeichnen, in dem sie ihre Behauptungen zurücknahm.

Ihre letzten Lebensjahre verbrachte die zusehends mehr vereinsamende frühere Monarchin auf Schloss Svartsjö, allerdings von einer ansehnlichen Schar dienstbarer Geister umgeben. Die selbstverschuldete gesellschaftliche Isolation suchte Ulrike durch vermehrte Beschäftigung mit Philosophie und Literatur auszugleichen. Auch die regelmäßig unterhaltene Korrespondenz mit den noch lebenden Geschwistern mag dazu beigetragen haben.

Kurz vor ihrem 62. Geburtstag wurde Königinwitwe Ulrike ohne ersichtlichen Grund krank – bis dahin hatte sie als äußerst gesund gegolten. Gustav III., der den Bruch mit der Mutter als schlimmstes Ereignis seines Lebens bezeichnet hatte, eilte rasch zu ihr und brachte auch Söhnchen Gustav mit. Tage zuvor hatte Ulrike den Buben noch als »Bastard« bezeichnet. Im Angesicht des Todes streichelte sie ihm als »liebende Großmutter« übers Haar. Überraschend für den ganzen Hof starb Königinwitwe Luise Ulrike am 16.7.1782 und wurde in der Stockholmer Riddarholmen-Kirche beigesetzt.

Ihr Sohn Gustav sollte seinerseits auf dramatische Weise enden: Eine Adelsclique um Jacob Johan Anckarström verübte während eines Maskenballs ein Attentat mit Schusswaffen auf ihn, und nach 13 Tagen Todeskampf erlag er am 29.3.1792 seinen Verwundungen. Der erst 14-jährige Kronprinz bestieg als Gustav IV. Adolf Schwedens Thron.

August *Wilhelm*
(*9.8.1722 - †12.6.1758)

Nur kurze Zeit hatte die Erleichterung gewährt, neben dem Kronprinzen Friedrich einen weiteren männlichen Thronfolger in petto zu haben. Der kleine Carl war schon 1719 der Gelbsucht erlegen. Umso freudiger begrüßten die Eltern die Geburt August Wilhelms, der kräftig und lebensfähig schien. Sein Vorname August wurde so gut wie nie benutzt, da der Rufname des Prinzen schlicht Wilhelm lautete. So wollen auch wir ihn hier bezeichnen, wenn es nicht aus besonderen Gründen notwendig erscheint, die in der Literatur oft gebrauchte Vollform anzuführen.

Der Kleine war ein unkomplizierter, fröhlicher Bursche, der alle mit seinen Späßen erheiterte und sogar das Herz des Soldatenkönigs anrührte, nicht nur, weil er dessen sehnlichen Wunsch nach einem Ersatzerben erfüllt hatte, sondern auch, weil er dem Vater offensichtlich ähnlich sah und in vielem ganz nach diesem geriet. In der Familie trug er den Spitznamen »Hulla«, im Anklang an ein damals sehr populäres Bühnenstück von Dominique und Romagnesi, in dem ein Harlekin dieses Namens die Hauptrolle spielte.

Wilhelm war zehn Jahre jünger als sein Bruder Friedrich. Zum Entzücken des Vaters begeisterte er sich schon sehr früh für militärische Dinge und ließ sich im Berliner Tiergarten eine kleine Kanone aufstellen. Er war ein harmoniebedürftiges Kind, das sich leicht lenken ließ und dem rasch erregbaren Soldatenkönig selten Anlass zu Zornesausbrüchen gab, weil er sich als gehorsamer Sohn erwies. So hatte ihn König Friedrich Wilhelm gern und häufig um sich, und der kleine Wilhelm brauchte sich nicht, wie andere Geschwister, zu verstellen, um dessen Wohlwollen zu erringen. Am liebsten hätte der Monarch ihn zu seinem Nachfolger erklärt, doch das willkürliche Bestimmen der Erbfolge lag nicht im Machtbereich des preußischen Herrschers. Daher blieb der ungeliebte älteste Sohn Friedrich Kronprinz. Das hinderte den Soldatenkönig aber keineswegs daran, die beiden Jungen gegeneinander auszuspielen und Wilhelm, wann immer möglich, lobend herauszustellen.

August Wilhelm;
Ölbild von G. Hempel, um 1755

»Hulla« erwies sich als Mensch mit einem großen Herzen. So erbettelte er einmal von seinem Vater die Begnadigung eines Deserteurs, der, aus der Garde der »langen Kerls« entwischt, wieder eingefangen und zum Galgen verurteilt worden war. Nach dem Motto »Bangemachen gilt nicht« gab er dem Vater furchtlos Kontra, ohne dass dieser es ihm übelnahm. Freylinghausen, der Schwiegersohn des Halleschen Wohltäters August Hermann Francke, schildert in einem Bericht von einem einwöchigen Besuch bei Hofe, wie der König nach dem Sonntagsgottesdienst den Sohn fragte: »Wilhelm, was hast du behalten aus der Predigt?« Worauf der Bub zurückfragte: »Papa, was hast du behalten?« Bei Tisch hob der Herrscher dann ein großes Küchenmesser und kündigte an, Wilhelm die Finger abschneiden zu wollen. Dieser durchschaute den derben Trick und erwiderte: »Oh Papa, Sie haben mich ja viel zu lieb, als dass Sie das tun sollten.«

Wie die meisten seiner Geschwister hatte Wilhelm viel Musikalität vererbt bekommen. Er spielte Cello, das er allerdings erst nach dem Tod des Vaters hatte erlernen können, und komponierte auch selbst. Manche seiner Militärmärsche wurden noch um das Jahr 1900 bei der Armee Kaiser Wilhelms II. aufgeführt. Vom Äußeren her war Wilhelm nach Meinung vieler der Schönste unter den preußischen Brüdern, dazu groß gewachsen und schlank, was ihn von seinem korpulenten, nur 1,65 m großen Vater unterschied. Er überragte später sowohl Friedrich, der es auf 1,63 m brachte, als auch Heinrich und Ferdinand, die beide einen für einen Mann recht zierlichen Wuchs aufwiesen und vier bzw. acht Jahre nach Wilhelm geboren wurden.

Zwar war der Prinz ein begabter Junge, doch in seiner Erziehung wurde vieles versäumt. Schon mit elf Jahren wurde er vom Vater zum Leutnant bei der Garde der »langen Kerls« ernannt und musste regelmäßig Dienst tun. Dazu kam, dass der Soldatenkönig ihn oft und gern als Reisebegleiter mitnahm. So blieb die ohnehin schon einseitige Ausbildung auch noch lückenhaft. Der ständige Umgang mit Militärs ließ den heranwachsenden jungen Mann ziemlich ungehobelt werden, was seine Manieren betraf. Immerhin besaß Wilhelm so viel Selbsterkenntnis, dass er mit zunehmendem Alter versuchte, der mangelhaften Bildung durch Eigenstudium abzuhelfen, genau wie Friedrich der Große es in seinen Rheinsberger Jahren getan hatte. Im Unterschied zum älteren Bruder aber durfte sich Wilhelm mit Erlaubnis des Vaters Bücher kaufen und lesen – wenn die gewünschten Titel dessen Zustimmung fanden. Friedrich hatte dies nur heimlich und unter Anhäufung von Schulden tun können, und bei der missglückten Flucht war auch seine geheime Bibliothek entdeckt und vom Vater in alle Winde zerstreut worden.

Der beiseite geschobene Kronprinz nutzte den kleinen Bruder aus, der so offensichtlich die Gunst des Vaters genoss. Wilhelm sollte ihm alles berichten, was der König über Friedrich äußerte. Mit zunehmender Krankheit wurde der Soldatenkönig immer reizbarer, worunter auch sein Lieblingssohn zu leiden hatte. So schrieb dieser im Jahr 1736 einmal, er habe zur Strafe nicht auf die Jagd mitkommen dürfen, weil er den Namen eines einzigen Dorfes nicht gewusst habe, nach dem er befragt worden war. Dennoch sei er froh, nicht »wie 100 andere noch Schlimmeres ertragen zu müssen«. Unter den Söhnen des preußischen Monarchenpaares war Wilhelm tatsächlich der Einzige, der gern auf die Pirsch ging. Weder der Schöngeist Friedrich, noch die beiden eleganten Herren Heinrich und Ferdinand fanden Gefallen an einem Sport, den sie für ein allzu blutiges Vergnügen hielten – was sie allerdings nicht daran hinderte, sich als Feldherren für die damals so genannte Kriegskunst zu begeistern.

Im Mai 1740 erlag Soldatenkönig Friedrich Wilhelm I. mit nicht ganz 52 Jahren den zahlreichen Krankheiten, die ihn schon seit Jahren gequält hatten, vermutlich den Auswirkungen der Porphyrie, der durch Wassersucht angezeigten Herzinsuffizienz, schmerzhaften Steinleiden und Gicht, Folgen unmäßigen Essens, Trinkens und Rauchens. Nun bestieg Friedrich II. den Thron und beschenkte seine Geschwister, wenn auch nicht üppig. Sehr schnell machte er deutlich, dass er nun die Rolle des Vaters übernommen hatte und von allen unbedingten Gehorsam erwartete. Für Wilhelm, den früher so beneideten jüngeren Bruder Friedrichs des Großen, brachen schwierige Zeiten an, denn der neue Clanchef hatte die Zurücksetzungen der Vergangenheit keineswegs vergessen. Als Erstes bedeutete das, dass Wilhelm sich nach dem Willen des Königs verheiraten musste.

Schon mehrfach hatte der frühreife Knabe Hofdamen seiner Mutter geschwängert. Auch später noch blieb er der Charmeur der Familie. Als 18-jähriger wurde Wilhelm mit der gleichaltrigen Prinzessin Luise Amalie (Rufname: Luise) von Braunschweig-Bevern verlobt. Sie war eine der zahlreichen Schwestern der neuen Preußenkönigin Elisabeth Christine, die Friedrich auf Geheiß seines Vaters geehelicht und sich

Luise Amalie;
Ölbild von A. Pesne, um 1740

damit relative Freiheit erkauft hatte. Gleich nach seinem Regierungsantritt verbannte der neue König seine Frau nach Schloss Schönhausen, sah aber von einer offiziellen Scheidung ab. Die Beziehungen zu Braunschweig waren zu wichtig, als dass sie durch eine solche Handlung belastet werden durften. Immerhin würde die kaltgestellte Elisabeth Christine nun etwas Gesellschaft erhalten aus der eigenen Ursprungsfamilie – ein weiterer Schritt bei der Umsetzung des preußischen Plans, sich die Gunst der Habsburger weiterhin zu erhalten, mit denen die Braunschweiger ja direkt verwandt waren.

Prinz Wilhelm machte, das sei vorweg gesagt, seine Gemahlin nur in einem einzigen Punkt glücklicher als sein großer Bruder die seine. Dem von der Staatsräson zusammengeschirrten Paar war immerhin Kindersegen vergönnt, was für die recht häusliche Luise, die sich als liebevolle Mutter erwies, den eigentlichen Lebenszweck bedeutete. Ihre königliche

August Wilhelm;
Ölbild von A. Pesne, um 1745

Schwester Elisabeth Christine hingegen konnte ihre mütterliche Seite lebenslang nur bei Waisen- und Pflegekindern ausleben.

Wilhelm und Luise kannten sich seit Kindesbeinen und hatten einander noch nie sonderlich sympathisch gefunden. Nach der mit aller Pracht begangenen Hochzeit am 6.1.1742 muss für die in sexuelle Dinge nicht eingeweihte 19-jährige Braut ein brutales Erwachen gefolgt sein. Man darf dies aus ihrem Verhalten schließen, als ihr am »Morgen danach« in einer albernen, aber althergebrachten Fruchtbarkeitszeremonie ein Strohkranz aufs Haupt gedrückt wurde. Ohne jegliche Contenance riss Luise ihn sich vom Kopf und warf ihn dem pikierten Wilhelm entgegen. Dessen Ansichten über das Wesen der Liebe gingen ganz klar aus einem – heute im Geheimen Staatsarchiv aufbewahrten – Brief an seinen jüngsten Bruder Ferdinand hervor. Der Wortlaut ist im Original so vulgär, dass manches hier nur abgekürzt wiedergegeben werden soll:

»Ich fühle mich ganz niedergeschlagen, wenn ich Ihre edlen Gedanken über das schöne Geschlecht lese. Meine Meinung ist da ein wenig anders. Ich denke, eine F[...] ist ein Loch, das die Vorsehung ausgehöhlt hat, damit man hineinf[...], egal in welchen Bauch auch immer, und wenn man Ihnen erlaubt, Ihr Ding da hineinzustecken, hat man alles Recht, es auch zu tun.«

Ungeachtet dieser sicher nicht beneidenswerten Erfahrungen verlor Luise, ein grundanständiger Mensch, lebenslang kein böses Wort über ihren Gemahl, nicht einmal im vertraulichen Briefwechsel. Sie machte das Beste aus ihrer Lage, obwohl Wilhelm ihr als einer ihm aufgezwungenen Partnerin nie eine wirkliche Chance gab und ihre menschlichen Qualitäten niemals anerkannte. Friedrich der Große machte sich mangels eigenen Nachwuchses mit grimmigem Humor öfters einen Spaß daraus, den Bruder an dessen dynastische Pflichten zu erinnern. Schließlich glückte das Vorhaben: Wilhelm und Luise wurden zu Stammeltern der heute noch lebenden Hohenzollern.

Als erstes Kind kam am 25.9.1744 ein Junge zur Welt, der Friedrich Wilhelm getauft wurde, um den verstorbenen Soldatenkönig zu ehren. Er wuchs zu einem Prinzen heran, der mehr an Kunst, Kultur und allen schönen Seiten des Lebens interessiert war als am preußischen Heer, dem er natürlich angehörte. Schon in jungen Jahren ein Genussmensch, wurde Friedrich Wilhelm ständig korpulenter und blieb doch – wie sein Vater – ein Liebling der Frauen. Er beerbte später seinen Onkel Friedrich und bestieg nach diesem als Friedrich Wilhelm II. den Thron Preußens. Auch wenn der »Alte Fritz« seine Persönlichkeit anderen gegenüber gerne abgewertet hatte, erwies sich der hedonistische Nachfolger nicht als schlechter Herrscher. Er erwarb sich Verdienste als Mäzen und Bauherr. Unter ihm wurde beispielsweise das Brandenburger Tor errichtet, noch heute eines der Wahrzeichen Berlins. 1794 wurde ein neues Gesetzeswerk erlassen und außenpolitisch profitierte Preußen noch zweimal von der Aufteilung Polens.

Berühmt wurde des Prinzen und nachmaligen Königs langjährige Beziehung zu einer Mätresse aus dem Bürgerstand: Die »schöne Wilhelmine« Enke wurde bereits mit 13 (!) Jahren Friedrich Wilhelms Geliebte. Er ließ sie, u.a. in Paris, auf eigene Kosten ausbilden und erziehen. Später hatten die beiden mehrere Kinder. Die von Friedrich dem Großen aus Staatsräson, aber denkbar unsensibel gestiftete erste Ehe Friedrich Wilhelms endete im Desaster (vgl. das Kapitel über Philippine Charlotte). Wenige Monate nach der Scheidung nahm der Prinz auf Geheiß des Onkels Friederike von Hessen-Darmstadt zur Frau, eine Tochter von König Friedrichs hochgelehrter Freundin Karoline und dem »Pirmasenser« Landgrafen Ludwig. Auch diese Ehe wurde unglücklich. Friederike besaß grobe Gesichtszüge, wusch sich selten und glaubte Gespenster zu sehen. Aber immerhin bekam das Paar dennoch sieben Kinder, und die Nachfolge in Preußen schien gesichert.

Nach dem Tod seines Onkels (1786) wurde der nunmehrige König Friedrich Wilhelm II. aus Liebe zum Bigamisten. Mit – für teures Geld erkauftem – Einverständnis seiner Gemahlin ließ er sich als Zweitfrau Elisabeth Amalie »Julie« von Voss antrauen, nachdem seine Hoftheologen einen Präzedenzfall aus der Renaissance ausfindig gemacht hatten: Luther hatte dem Landgrafen Philipp von Hessen eine heimliche Zweitehe nach dem Vorbild der Patriarchen des Alten Testaments empfohlen.

Kurz nach der Geburt eines Sohnes Anfang 1789 starb Julie, und der König heiratete 1790 seine neue Mätresse Sophie von Dönhoff, wiederum als Zweitfrau. Schon drei Jahre später verbannte der Herrscher die Gräfin vom Hof, weil sie es gewagt hatte, ihm politische Ratschläge zu erteilen. Die beiden gemeinsamen Kinder nahm er ihr weg und gab sie in die Obhut der »schönen Wilhelmine«.

Mit den Jahren geriet Friedrich Wilhelm II., der übrigens wie seine Verwandten äußerst musikalisch war, unter den Einfluss von Sektierern. Er hörte auf Günstlinge aus dem Geheimbund der Rosenkreuzer und wandte sein Interesse mancherlei okkulten Dingen zu. Ähnlich wie sein Großvater, der Soldatenkönig, ging er an Krankheiten zugrunde, die sein Lebensstil noch gefördert hatte. Erst 53-jährig erlag Friedrich Wilhelm II. am 16.11.1797 dem Erbübel der Hohenzollern, einer mit Wassersucht einhergehenden Herzinsuffizienz.

Zurück zu den Nachkommen des Preußenprinzen Wilhelm und seiner Gattin Luise. Nach dem sehnlichst erwarteten ersten Sohn bekamen sie am 30.12.1747 noch einen zweiten, nämlich Friedrich Heinrich Carl.

Dieser wuchs zu einem sehr begabten und persönlich liebenswürdigen jungen Mann heran. Man plante für ihn eine große Zukunft beim Militär. Doch Heinrich erlag 19-jährig den Pocken – während in Großbritannien der Hochadel seine Kinder bereits gegen diese impfen ließ.

Es folgte ein Mädchen namens Friederike Sophie Wilhelmine. Sie kam am 3.8.1751 zur Welt und sonnte sich zeitlebens in der Gunst Friedrichs des Großen. Dieser verheiratete die hübsche Nichte 1767 in die Niederlande, wobei sich Wilhelmine als äußerst pragmatisch erwies; denn der ihr zugedachte Statthalter Wilhelm V. von Oranien-Nassau war ein sehr kleingewachsener, ziemlich hässlicher und seit einem Reitunfall hinkender Mann, der – vielleicht deswegen – innerlich unsicher und antriebslos war. Ebenso charmant wie politisch aktiv, drängte Wilhelmine ihren Gemahl zur Übernahme größerer Verantwortung und stärkte sein Selbstbewusstsein. 1795 ging die alte holländische Republik im Strudel der französischen Revolutionskriege unter, und das Statthalterpaar musste nach England fliehen. Wilhelm V. starb 1806 im Exil, seine Witwe Wilhelmine am 9.6.1820. Sie hatte noch erlebt, dass ihr ältester Sohn 1815 König der Niederlande wurde, der erste Monarch der bis heute dort bestehenden Dynastie.

Das letzte Kind sollte der unglückliche Prinz Wilhelm niemals sehen: Er starb während der Schwangerschaft Luises, und so kam sein Sohn Georg Carl Emil postum zur Welt, sollte aber nur vier Monate lang leben (1758-1759).

Da zwischen den Geburten der Kinder immer einige Jahre vergingen, wurde Friedrich der Große öfters ungeduldig. In an derber Offenheit nicht mehr zu überbietenden Worten erinnerte er seinen jüngeren Bruder regelmäßig an die zu erfüllenden »ehelichen Pflichten«. Wilhelm, der ein friedfertiges Naturell besaß und es stets allen recht machen wollte, geriet in ein Dilemma. Er verwahrte sich dagegen, nur als royaler Zuchthengst angesehen zu werden, und forderte sinnvolle, vor allem militärische Aufgaben für sich.

Bei seiner Verlobung erhielt Wilhelm das Berliner Kronprinzenpalais als Stadtwohnung, sodann das Lustschloss Oranienburg als Sommersitz. Hier gab es viel zu renovieren und einzurichten, so dass es etliche Jahre dauerte, bis aus beiden Gebäuden regelrechte Schmuckkästchen gewor-

Thronfolger Friedrich Wilhelm (II.) von Preußen; Ölbild von F. Reclam, um 1770

den waren. Im Sommer 1744 wurde Wilhelm vom königlichen Bruder offiziell zum Thronfolger ernannt und mit dem Titel »Prinz von Preußen« ausgezeichnet, da Friedrich der Große inzwischen jeglichen Versuch, selbst Vater zu werden, aufgegeben hatte.

Zur selben Zeit trat die gerade einmal 15-jährige Sophie Marie von Pannwitz ihren Dienst als Hofdame der Königinwitwe Sophie Dorothea im Schloss Monbijou an. Von da an war es auffällig, wie oft der neue Thronfolger seine Mutter besuchte. Die Tochter aus einer Familie des Uradels und der Preußenprinz hatten einander schon als Kinder gekannt, und er hatte ihr vor Jahren Reitunterricht erteilt. Doch jetzt schwirrte Amors Pfeil, und zum Unglück für alle Betroffenen sollte sich eine langandauernde Beziehung entwickeln.

Wilhelm war ein aufrichtiger Mensch, der sich schlecht verstellen konnte und gerne Nägel mit Köpfen machte. Als sich seine Neigung nicht mehr verheimlichen ließ, bat er König Friedrich um Erlaubnis zur Scheidung. Diese wurde ihm natürlich verwehrt, da die gute Verbindung zum Haus Braunschweig – und damit auch zum Kaiserhaus – nicht gefährdet werden sollte. »Lieber Bruder«, schrieb Preußens Herrscher an Wilhelm, »Ihr Ruf wird Ihnen zu hoch stehen, als dass Sie ihn jemals durch ein knechtisches Verhältnis zu einem Weibe beflecken.« Fünf Jahre quälte sich das Liebespaar herum, nahm mehrfach Abschied voneinander und kam doch immer wieder zusammen. Dann wurde Sophie gedrängt, der hoffnungslosen Situation ein Ende zu machen, indem sie ihren Cousin Johann August von Voss heiratete. Bei der Trauung am 11.3.1751 im Berliner Dom war fast die ganze Königsfamilie einschließlich des großen Friedrich anwesend. Aus verständlichen Gründen hatte Wilhelm darum gebeten, nicht teilnehmen zu müssen. Doch wie man einst mit ihm umgesprungen war, so verhielt sich der preußische König nunmehr anderen gegenüber. Er zwang den Bruder, der ihm als Kind vorgezogen worden war, mitsamt seiner Frau dem Spektakel beizuwohnen. Entsetzen packte die Festgemeinde, als der Prinz nach dem Jawort der geliebten Frau zusammenbrach und ohnmächtig auf den Boden schlug.

Frau von Voss, die in ihrer Konvenienzehe kein Glück fand, überlebte Wilhelm um 63 Jahre und diente dem Hof bis ins 19. Jahrhundert als

Oberhofmeisterin und Erzieherin der Kinder der hochverehrten Königin Luise. Was hätte wohl Prinz Wilhelm zu den Zweitehen gesagt, die sich sein Sohn später leisten sollte? Die bereits erwähnte Zweitfrau Julie von Voss war die Nichte der unglücklichen Sophie, deren Memoiren eine wertvolle Quelle zur Geschichte des preußischen Hofes darstellen. Fest steht nur eins, nämlich dass eine solche Lösung zu Lebzeiten Friedrich des Großen niemals geduldet, ja auch nur in Erwägung gezogen worden wäre.

Das größte Unglück für Prinz Wilhelm sollte indes noch kommen – in Form allzu großen militärischen Ehrgeizes einerseits und der Erwartung von Höchstleistungen andererseits. Wilhelm war zwar ein guter und pflichtbewusster Soldat, aber nur solange, wie man ihm klare Anweisungen gab. Selbstständige Entscheidungen waren seine Sache nicht. Auch im Privatleben brachte er durch Zaudern und endlose Diskussionen um immer wieder dieselben Dinge seine Mitmenschen zur Weißglut. Mehrfach tadelte ihn der königliche Bruder, weil Wilhelm sich den ihm unterstellten Soldaten gegenüber als großzügiger Chef zeigte, der der Menschlichkeit eine hohe Bedeutung einräumte. Friedrich II. sah die »Manneszucht« in den Regimentern gefährdet und griff ein. Ständig hatte er an der Dienstführung seines Bruders etwas auszusetzen.

Gleich nach der Thronbesteigung hatte Friedrich die Welt verblüfft, als er in Schlesien einmarschiert war, das zum Erbe der jungen Habsburgerin und Kaisertochter Maria Theresia gehörte. Es sollte etliche Kriegsjahre dauern und Preußen einigemale an den Rand des Abgrunds bringen, bis die neuen Grenzen endlich auf Dauer gesichert waren. Doch am Ende hatte der König aus seinem relativ kleinen, territorial zerrissenen und mittelmäßig geachteten Staat ein Land mit funktionierender Verwaltung geschaffen, das seine Fläche bedeutend erweitert hatte und im Konzert der führenden Mächte mit zu den Tonangebenden gehörte. Im Ersten Schlesischen Krieg, der der Besetzung jener Provinz auf dem Fuß gefolgt war, bekam Prinz Wilhelm das ersehnte militärische Kommando.

Im Alter von ganzen acht Jahren war er Chef des Kürassier-Regiments K 2 geworden. Seit 1742 stand er dann im Rang eines Generalmajors auch dem Infanterieregiment 18 vor. Wilhelm zeichnete sich durch persönliche Tapferkeit aus, besonders im Zweiten Schlesischen Krieg 1744/45, in dem er zum Generalleutnant befördert wurde. Der präsumtive Thronfolger suchte in allen Dingen beinahe ängstlich den Willen des großen Bruders zu erfüllen. Ein genialer Feldherr wie sein jüngerer Bruder Heinrich war Wilhelm keineswegs.

Als die politische Lage in Europa Mitte der 1750er Jahre immer bedrohlicher wurde, waren sich die jüngeren Preußenprinzen einig: Mit der preußischen Außenpolitik waren sie nicht einverstanden. Im Namen aller gab Wilhelm dem König dies zu bedenken, erntete aber eine barsche Abfuhr. Er solle sich nicht in Dinge einmischen, die ihn nichts angingen, und sich lieber dem Kinderzeugen widmen.

1756 brach der Siebenjährige Krieg aus, von Friedrich dem Großen als Präventivschlag gestartet, bei dem sich Österreich, Frankreich und Russland in einem Bündnis gegen Preußen zusammenfanden. Noch immer wollte man sich auf der Habsburger Seite nicht mit dem Verlust

König Friedrich Wilhelm II. von Preußen inspiziert preußische Truppen; Ölbild um 1790

der einträglichen Provinz Schlesien abfinden. König Friedrich tat jedoch den ersten Schritt, da es ihn schon länger danach gelüstete, auch das quasi vor der Haustür liegende Sachsen seinem Land anzugliedern. Folgerichtig marschierte er dort ein und setzte die Kampfhandlungen in Gang. 1757 entschloss sich der König dann, die etwa 80.000 Mann starke preußische Armee aufzuteilen: Die eine Hälfte sollte Schlesien, die andere Sachsen decken. Während er selbst die westliche Kolonne anführte, befehligte Prinz Wilhelm, im Jahr zuvor zum General der Infanterie aufgestiegen, die östliche.

Nach einer vernichtenden Niederlage bei Kollin musste die Belagerung Prags abgebrochen werden. Wilhelm erlebte einen demütigenden Rückzug, ständig von den Österreichern attackiert, wobei der ganze Tross verlorenging und die Artillerie im waldreichen Gebirge steckenblieb. Das Magazin in Zittau wurde zerstört. Friedrich der Große gab seinem Bruder die Schuld und schrieb: »Sie machen alles verkehrt [...].« Am 19. Juli folgte dann das ungerechte und vernichtende Urteil, das Wilhelm letzten Endes den Lebensmut raubte. »Sie werden stets nur ein kläglicher Heerführer sein. Kommandieren Sie einen Harem, wohlan – aber so lange ich lebe, vertraue ich Ihnen keine zehn Mann mehr an. [...] Sie zwingen mich dazu, indem Sie es dazu bringen, dass die Armee und ich ihren Ruf einbüßen und der Staat zu Grunde geht.« Dabei erkannte Friedrich in keiner Weise an, dass Wilhelm mit seinem Entschluss, den Österreichern auszuweichen, das Leben seiner Soldaten geschont und eine Schlacht vermieden hatte, die nicht zu gewinnen war. Zutiefst in seiner Ehre gekränkt, bat Wilhelm aus gesundheitlichen Gründen um Urlaub, der ihm auch gewährt wurde.

Bald danach fiel Wilhelm in Depressionen und kränkelte dahin, lehnte aber jegliche Form der Behandlung ab. Sein Bruder Heinrich sah es mit Schrecken und lebte fortan in der ständigen Angst, einmal in ähnlicher Weise zu versagen und den Zorn des großen Friedrich auf sich zu ziehen. Am 12.6.1758 starb Wilhelm auf seinem Schloss Oranienburg, erst 35 Jahre alt. Eine Obduktion brachte an den Tag, dass in seinem Hirn ein Blutgerinnsel steckte. So ist wohl ein Schlaganfall als Todesursache nicht unwahrscheinlich, doch aufgrund weiterer Symptome, die ihn gequält hatten, kommt auch eine Hirnhautentzündung in Betracht.

Für die Zeitgenossen, allen voran die jüngeren Preußenprinzen Heinrich und Ferdinand, war jedoch klar, dass der präsumtive Thronfolger an »gebrochenem Herzen« gestorben war. »[...] und ich werde mein ganzes Leben dieses Gift, das mich zerfrisst, in mir tragen«, meinte Heinrich, für den der Tod des geliebten Bruders einen Wendepunkt seines Daseins bedeutete, eine Katastrophe, an der er König Friedrich die Schuld gab und die er diesem nie verzeihen sollte.

Wilhelms Tod musste vor dessen Witwe Luise zunächst verheimlicht werden. Man wollte die Schwangere schonen. Der bereits erwähnte Sohn Emil kam Monate nach dem Tod seines Vaters zur Welt, folgte diesem aber bald in die Ewigkeit. Unverständnis und Ärger löste hingegen das Testament des Prinzen Wilhelm aus, in dem der sonst so leutselige und beliebte Mann mit unglaublicher Bösartigkeit seine Gemahlin zurücksetzte, die ihm doch nie einen Anlass dazu geboten hatte. Als Wohnsitz wies er ihr ein weit abgelegenes, unkomfortables Jagdschloss namens Cossenblatt zu und verfügte, sie solle von den Kindern getrennt werden – etwas Schlimmeres hätte man dieser begeisterten und zärtlichen Mutter kaum antun können. Stattdessen sollte der Nachwuchs der Gemahlin des Prinzen Heinrich übergeben werden, Prinzessin Wilhelmine von Hessen-Kassel. Dieser vermachte Wilhelm auch seinen einstigen Verlobungsring mit einem großen Brillanten.

Vielleicht suchte König Friedrich auf seine Weise etwas wiedergutzumachen. Jedenfalls griff er zugunsten seiner Schwägerin ein. Luise durfte nicht nur ihre Kinder behalten, sondern auch im Kronprinzenpalais wohnen bleiben. Statt 4.000 erhielt sie 26.000 Taler Witwenrente im Jahr, und die Einkünfte aus Gut Cossenblatt bekam sie trotzdem, auch wenn sie nicht dort residierte. In finanziellen Dingen sonst nicht sonderlich großzügig, verfügte Friedrich, dass Luise nicht mehr für die Schulden aufkommen müsse, die ihr Gemahl gemacht hatte (natürlich ohne sie zu fragen).

An die Stelle des Thronfolgers rückte nach Wilhelms Tod nun dessen ältester Sohn Friedrich Wilhelm. Dass er als der Zweite dieses Namens Preußens Thron bestieg, erlebte seine Mutter Luise nicht mehr mit. Ihre von Erkältungen und Koliken beschwerten letzten Jahre gestalteten sich aber äußerlich ehrenvoll. Man schätzte und achtete sie nun am

Hof, was die fromme Frau dankbar hinnahm. Schließlich erwuchs Luise noch einmal eine Aufgabe in der Erziehung der kleinen Enkelin Friederike, deren Mutter – die erste Frau Friedrich Wilhelms II. – nach ihrem Fremdgehskandal auf Lebenszeit nach Stettin verbannt worden war. Auch in das traurige Dasein ihrer vernachlässigten Schwester Elisabeth Christine brachte Luise immer wieder etwas Freude. Sie erlag am 13.1.1780 im Alter von nicht ganz 65 Jahren einer Lungenentzündung und wurde, wie ihr Gemahl Wilhelm, im Berliner Dom bestattet.

Anna *Amalie*
(*9.11.1723 - †30.3.1787)

Der Soldatenkönig schrieb anlässlich der Geburt einer weiteren Tochter im Jahre 1723: »Man muss sie versaufen [= ertränken] oder Nonnen daraus machen; Männer kriegen sie nit alle.« Tatsächlich sollte es später nicht gelingen, einen Ehemann für die als egoistisch und launisch bekannte Amalie aufzutreiben, deren Gesundheit noch dazu zu wünschen übrigließ. Stattdessen wurde sie für das Amt der Äbtissin von Quedlinburg bestimmt, einem evangelischen Damenstift. Vielleicht steckte auch Berechnung seitens der Mutter hinter dieser Entwicklung, die sich eine der Töchter als Gesellschafterin und Stütze des heranrükkenden Alters bewahren wollte.

Es ist kaum zu glauben, aber Sophie Dorothea soll von ihrer Schwangerschaft im Jahre 1723 nichts bemerkt haben und von Amalies Geburt überrascht worden sein. Zum einen hatte sie durch die zahlreichen vorhergegangenen Schwangerschaften einen enormen Leibesumfang bekommen, so dass es äußerlich kaum auffiel, wenn die Königin wieder einmal guter Hoffnung war. Zum anderen wähnte sie sich – mit 36 Jahren – wohl schon in den Wechseljahren, war also durch das Ausbleiben der Monatsregel nicht sonderlich beunruhigt. In der Nacht zum 9.11. setzten Wehen ein – zunächst, wie wahrscheinlich auch die Kindsbewegungen, von der ins Korsett eingeschnürten Frau als Kolik gedeutet.

Als die Königin endlich merkte, was da im Gang war, konnte auf die Schnelle kein Arzt aufgetrieben werden. Und so brachte Sophie Dorothea unter tatkräftiger Mithilfe ihres Ehemannes und einer Kammerzofe ihr insgesamt zwölftes Kind zur Welt. Noch Jahre später wollte sich der Soldatenkönig darüber ausschütten vor Lachen. Kurze Zeit nach der Geburt seines zwölften Kindes aber war er nicht mehr ganz so heiter. Ratgeber Grumbkow, der die Schwächen seines Herrn genau kannte, nutzte die Gelegenheit, seiner Intimfeindin Sophie Dorothea zu schaden, und »erweckte in ihm durch geschickte und undeutliche Anspielungen schimpflichen Verdacht«, wie es Wilhelmine von Bayreuth ausdrückt. Die Königin habe ihren Gemahl betrogen und versucht, die aus dem Ehebruch entstandene Schwangerschaft geheimzuhalten, was ihr letzten Endes jedoch misslungen sei. Den Erinnerungen der ältesten Tochter zufolge berief Friedrich Wilhelm »die Ärzte, General Holzendorff und Frau von Kameke, um den Wandel der Königin zu untersuchen. Alles nahm Partei für dieselbe. Ihre Oberhofmeisterin fand sogar sehr harte Worte für den König und bewies ihm die Ungerechtigkeit seines Misstrauens.« Der Monarch bat eine Weile später »die Königin um Verzeihung, und es herrschte wieder Frieden, aber nur für kurze Zeit.«

Amalie, mit Spitznamen Lily, war als Kind ziemlich dick. Mit ausgiebigen Mahlzeiten und dem Horten von Süßigkeiten tröstete sie sich über die verfahrene Familiensituation hinweg, die sie als aufgewecktes und intelligentes Kind von früh an wahrnahm. Als über ihren Bruder, den präsumtiven Thronerben, die Katastrophe hereinbrach, war Amalie nicht ganz sieben Jahre alt. Friedrich der Große erzählte als alter Mann seinem Vorleser Henri de Catt, dass nach Beendigung der vom Vater verhängten Haft – nach der missglückten Flucht – seine Geschwister auf Befehl der Mutter um Gnade für ihn hatten bitten sollen. Wilhelmine als die Älteste »warf sich meinem Vater zu Füßen, als er durch sein Vorzimmer ging. Sie wurde mit Ohrfeigen empfangen, die übrigen krochen vor Furcht unter einen Tisch. Mein Vater, den Spazierstock in der Hand, wollte gerade die armen Kleinen verprügeln, als die Erzieherin hereintrat und um Gnade für die Kinder bat. ›Scheren Sie sich weg, Sie Rabenaas‹, sagte der König.« Derartige Szenen waren Alltag für Amalie und die ihr im Alter Nahestehenden.

Anna Amalie und August Wilhelm; Ölbild von F. W. Weidemann, um 1728

Mit dem späteren König hatte sie manches gemein, vor allem die

Liebe zur Musik. Amalie trieb ihre ältere Schwester Ulrike, mit der sie sich Zimmer und Erzieherin teilte, oft durch ihr unablässiges Üben auf dem Klavier zur Verzweiflung. Beide wurden von 1740 bis 1744 von Gottlieb Hayne (1684-1756) unterrichtet, doch die wesentlich begabtere Amalie beschäftigte sich mehr als Ulrike mit dem Instrument.

Da König Friedrich Wilhelm I. sich nicht für Musik interessierte, hatte er bei seiner Thronbesteigung 1713 die Hofkapelle nach mehr als 200 Jahren des Bestehens aufgelöst. Der Cellist Gottlieb Hayne hatte insofern noch Glück gehabt, als er im Anschluss daran die Stelle des Berliner Domorganisten ergattern konnte. Er durfte dem siebenjährigen Kronprinzen Friedrich eine Weile lang Musikunterricht erteilen – das einzige Mal, dass der Soldatenkönig bei seiner Kinderschar eine Ausnahme machte. Friedrich gab ein paar Jahre später prompt die erworbenen Kenntnisse persönlich an seine jüngere Schwester Amalie weiter und versorgte sie auch mit Notenmaterial, wie aus einem Dankesbrief der 15-Jährigen vom 24.4.1738 hervorgeht. Der gelegentlich behauptete Beginn von Amalies Ausbildung durch Hayne im Jahr 1734 lässt sich nicht durch stichfeste Quellen untermauern. Erst nach der Thronbesteigung Friedrichs II. durfte sie, ebenso wie die Schwester Ulrike, offiziell bei dem Meister Unterricht in Klavier und Gesang nehmen.

Auch im Orgel- und im Violinspiel nahm die Prinzessin Stunden. Letzteres geschah in den 1770er Jahren, vom Alter her also eigentlich viel zu spät, als dass noch überdurchschnittliche Ergebnisse zu erwarten waren. Tatsächlich fand sich in Amalies Nachlass später auch keine Geige mehr. Sie beherrschte außerdem noch die Laute (erlernt bei dem Hofmusiker Baron) und versuchte sich eine Weile lang auf einer Querflöte, die ihr der Bruder Friedrich – der das Instrument meisterlich beherrschte – geschenkt hatte. Schon mit 20 Jahren suchte sie ihre Begabung als Komponistin zu entfalten: Die Schwester Ulrike bat sie von Schweden aus im Namen ihres Gemahls um einen selbstgeschriebenen Marsch. Amalie stellte 1758 den Bach-Schüler Johann Philipp Kirnberger (1721-1783) als Musiklehrer an, der ihr die Kontrapunkttechnik und weitere Kenntnisse der Musiktheorie vermitteln sollte. Daraus entwickelte sich mit der Zeit eine Freundschaft auf Augenhöhe zwischen beiden, die bis ins Alter währen sollte.

Anna Amalie;
Ölbild von A. Pesne, um 1740

Zu Amalies musikalischem Werk gehören eine Kantate, Märsche, Lieder, Choräle sowie Kammermusik. Geschmacklich war sie im Barock stehengeblieben und neuen Strömungen gegenüber nicht unbedingt aufgeschlossen. So musste sich beispielsweise Carl Friedrich Zelter (1758-1832) barsch abfertigen lassen, als er 1782 zu Amalie bestellt wurde und ihr spontan, ohne weitere Vorbereitung, auf der Orgel vorspielen sollte. »Als ich noch lange nicht fertig war«, berichtet Zelter selbst, »sagte die Prinzessin: ›Hör Er man auf. Er kann ja nischt. Da reden die Menschen gleich von Genie! Das is ja nischt. Geh' er man zu Kirnbergern, der wird ihm schon sagen, wo's Ihm sitzt, denn was Er da macht, ist alles nischt nutze‹.« Stattdessen bewunderte Amalie Johann Sebastian Bach und sammelte Manuskripte seiner Werke, aber auch Stücke von Händel, Hasse, Pergolesi und den Brüdern Graun. Carl Philipp Emanuel Bach, ein Sohn des Meisters, bezeichnete die Prinzessin als seine Mäzenin und komponierte Orgelsonaten für sie. Im Lauf der Zeit kam eine ansehnliche Sammlung von Musikalien zusammen, die nach ihrem Tod durch Testamentsbeschluss an das Joachimsthaler Gymnasium zu Berlin gelangte und seit 1914 unter dem Namen »Amalien-Bibliothek« als Leihgabe in der Staatsbibliothek aufbewahrt wird. Carl Friedrich Zelter trug der Prinzessin mit den anachronistischen Musikvorlieben offenbar nichts nach: Er war der Erste, der es unternahm, einen Katalog der Amalien-Bibliothek zu erstellen.

Der siebenjährige Mozart spielte im Rahmen einer ausgedehnten Europa-Tournee 1763 bei Amalie vor, als diese zur Kur in Aachen weilte. Als Kennerin zollte sie dem kindlichen Genie gebührend Lob, doch Vater Leopold Mozart hatte sich mehr erhofft. Enttäuscht schrieb er: »Des Königs von Preussen Schwester [...] hat kein Geld. Wenn die Küsse, so sie meinen Kindern, sonderheitlich dem Meister Wolfgang, gegeben, lauter neue Louis d'or [= Goldtaler] wären, so wären wir glücklich genug. Aber weder der Wirth noch der Postmeister lassen sich mit Küssen abfertigen.«

1755 gab die Prinzessin bei Johann Peter Migendt und Ernst Julius Marx eine stattliche Orgel für das Berliner Stadtschloss in Auftrag. Auf ihr spielte sie Kirchenmusik und Fugen. Als sie zwölf Jahre später in das Palais Unter den Linden (später: Palais Kurland) umzog, ließ sie das

Instrument dorthin versetzen. Das gute Stück wechselte in seiner Geschichte noch mehrfach den Standort und ist trotz Kriegen und Katastrophen bis heute erhaltengeblieben: Gegenwärtig findet man die Amalien-Orgel in der Kirche zur Frohen Botschaft im Berliner Stadtteil Karlshorst.

Im Jahr 1772 kaufte Friedrich der Große für seine Schwester das Vernezobresche Palais als Berliner Sommersitz. Auch dort spielte Amalie gerne auf der Orgel. Ernst Julius Marx hatte das Instrument vier Jahre nach dem Erwerb des Hauses geschaffen. Es ist heute so spurlos verschwunden wie das Gebäude, das es einst beherbergt hat. Zur NS-Zeit war aus ihm ein SS-Hauptquartier geworden, das im 2. Weltkrieg zerstört und später eingeebnet wurde. Danach befand sich dort ein Verkehrsübungsplatz, seit 2010 ein Dokumentationszentrum. Die Orgel, die noch größer war als die zuerst für Amalie gebaute, wurde nach dem Tod der Besitzerin der Reformierten Kirche in Frankfurt an der Oder geschenkt. Um 1880 tauschte man sie gegen eine neue aus, was mit dieser geschehen ist, ist unbekannt.

Der breiteren Öffentlichkeit ist Amalie heutzutage allerdings nicht wegen ihres musikalischen Talents ein Begriff, vielmehr wird ihr Name in Zusammenhang gebracht mit dem Abenteurer, Militär und Schriftsteller Friedrich Freiherr von der Trenck (geb. 16.2.1726 in Königsberg, gest. 25.7.1794 in Paris). Dieser behauptete in seiner Autobiographie (zwischen 1786 und 1792 erschienen vier Bände, ein fünfter postum), ein heimliches Verhältnis mit Prinzessin Amalie unterhalten zu haben, die ihn auch finanziell unterstützt habe. Dies sei der Grund gewesen, warum er jahrelang in grausamer Kerkerhaft gehalten worden sei, nachdem sich das Paar blutjung bei der Hochzeit von Amalies Schwester Ulrike in Berlin kennengelernt hatte.

Trenck diente im Zweiten Schlesischen Krieg als Ordonnanzoffizier König Friedrichs und wurde mehrmals ausgezeichnet. Der Spionage beschuldigt, wurde er im schlesischen Glatz gefangengesetzt, doch 1746 gelang ihm die Flucht nach Wien. Eine kurze Zeit lang stand Trenck in russischen Diensten, bis er 1754 in Danzig von preußischen Geheimpolizisten entführt und dann zu zehn Jahren Kerkerhaft verurteilt wurde, die er in der Festung Magdeburg absaß, am ganzen Leib mit schweren

Ketten gefesselt. Erst das Eingreifen Maria Theresias erwirkte 1763 seine Freilassung, wonach der Freiherr die wesentlich jüngere Tochter des Aachener Bürgermeisters heiratete, eine Familie gründete, eine unstete Existenz als Schriftsteller begann und schließlich 1794 in Paris ein Opfer der Französischen Revolution wurde. Soweit die verbürgten Tatsachen.

Solange keine neuen Beweise auftauchen, lässt sich unmöglich sagen, ob Trencks kurzlebige Romanze mit der Preußenprinzessin allein in dessen Fantasie oder tatsächlich existiert hat. Da die Memoiren Trencks insgesamt voller Fehler und Übertreibungen stecken, mithin nicht besonders glaubwürdig sind, hat man die Liebesgeschichte meist als publikumswirksame Erfindung des Autors bezeichnet. Zwei Zeitge-

Anna Amalie als Aurora;
Ölbild von A. Pesne, um 1750

nossen Amalies gehen wie selbstverständlich von der Wahrheit einer Affäre aus, doch könnten sie andererseits einfach Trencks Buch gelesen und den Inhalt geglaubt haben. Die Gräfin Voss meint zum Beispiel, Amalies Leben sei nach der missglückten Liebe »von Kummer und frühzeitiger Kränklichkeit verdüstert« worden, was auf den ersten Blick eine gut passende Erklärung für das plötzlich beginnende dauerhafte Kränkeln und das frühe Altern der Prinzessin darstellt.

Wie bereits erwähnt, gibt es bislang keinen einzigen handfesten Beweis für eine Beziehung. Sollte eine solche je bestanden haben, dann war Amalie gewiss so schlau, jegliche Hinweise zu vernichten. In der Verwandtschaft gab es genug Beispiele dafür, was mit Prinzessinnen geschah, die »unstandesgemäß« oder außerehelich liebten. Eine aus Ostfriesland stammende Betrügerin namens Amalia Schönhausen behauptete später, eine Tochter Amalies und Trencks zu sein. Doch Forscher haben das wahre Geburtsdatum Amalia Schönhausens ermittelt: Zu dem fraglichen Zeitpunkt war die Prinzessin erst dreizehn, Baron von der Trenck elf Jahre alt gewesen.

Es bleibt festzuhalten, dass die Affäre, ob wahr oder nicht, die Fantasie der Menschen immer wieder angeregt und bis heute oft in belletristischer Darstellung ihr Publikum gefunden hat, mehrfach auch schon verfilmt wurde.

Aus dem pummeligen Kind wurde eine hübsche, dralle Frau, die aber als schwieriger Charakter galt – um nicht zu sagen als schrullig. Amalie war schnell beleidigt, bisweilen jähzornig, dann wieder depressiv und kränklich, dazu noch als hochmütig und egoistisch verschrieen. Die meisten Menschen, die sie näher kennenlernten, fühlten sich zunächst von ihrem angenehmen Äußeren angezogen, dann aber von ihren vielen gewöhnungsbedürftigen Eigenschaften abgestoßen. Von 1744 bis 1752 lebte sie, wie von der Mutter erhofft, mit dieser als Gesellschafterin zusammen. Doch immer wieder zerstritten sich die beiden.

Als Prinz Heinrich 1752 heiratete und sich Sophie Dorothea mit der neuen Schwiegertochter auf Anhieb gut verstand, verging Amalie vor Eifersucht. Dies führte dazu, dass die Mutter ihr manchmal auf Monate das Haus verbot. Mit der Zeit entwickelte Amalie, genau wie ihr Bruder Friedrich, einen Hang zu boshaftem Spott und sarkastischen Sprüchen.

Während der König an den Rand von Briefen, Akten und Dokumenten gern Bemerkungen kritzelte, schrieb Amalie ihre Einfälle an die Ränder der Buchseiten ihrer Privatbibliothek. In einem Band, in dem dieser von Pariser Maulaffen spricht, steht von Amalies Hand: »Um Maulaffen zu sehen, braucht man nicht nach Paris zu gehen. Haben wir hier in Berlin auch!«

Die Prinzessin war auch ob ihrer scharfen Urteile gefürchtet. Als Beispiel mag hier dienen, was sie Johann Abraham Peter Schulz antwortete, dem Komponisten des Weihnachtsliedes »Ihr Kinderlein kommet« und der Melodie von »Der Mond ist aufgegangen«. Dieser erbat eines Tages ihre Meinung zu einem Werk, das er ihr widmen wollte. »Ich stelle mir Vor, Herr Schulz! Dass er sich versehen und statt seiner Arbeit Mir das Musikalische Notengekläckere seines Kindes geschickt hat, dieweil ich nicht die allergeringste wissenschaftliche Kunst darin bemerket, hingegen Von Anfang bis zu Ende durchgängig fehlerhaft sowohl in dem Ausdruck, Sinn und Verstand der Sprache als auch in dem Ritmus [...]. Gott wolle diejenigen, welche eine so heftige Einbildung von sich selbst besitzen, die Augen öffnen, den Verstand erläutern und erkennen Lehren, dass sie nur Stumper und Fuscher sind.« Schulz, ein Schüler Kirnbergers, nahm diese Antwort äußerst übel. Prinz Heinrich jedoch, der wusste, was er an Schulz hatte, ernannte ihn im Jahr 1780 zu seinem Kapellmeister.

Außer bei Musik und Literatur suchte die Prinzessin Abwechslung vom langweiligen Hofalltag durch ein teures Laster, das sie immer wieder dazu zwang, den königlichen Bruder anzubetteln: die Spielsucht. Sie verlor manchmal erkleckliche Summen, was sie sich bei ihren Einkünften gar nicht leisten konnte.

In den Jahren 1743 bzw. 1746 ergaben sich noch einmal ernsthafte Möglichkeiten für eine Verheiratung Amalies. Zarin Elisabeth von Russland suchte eine Braut für ihren Neffen und Thronfolger, den etwas minderbegabt erscheinenden Großfürsten Peter. Wie man weiß, traf schließlich eine gewisse Sophie von Anhalt-Zerbst dieses Schicksal. Unter dem Namen Katharina die Große schwang sie sich später, nach der Ermordung Peters, zur Alleinherrscherin auf. Auch Ludwig XV. von Frankreich suchte eine Frau – für seinen Sohn, den Kronprinzen.

Warum König Friedrich beidemale ablehnte, ist unklar. Aber vielleicht ahnte er, dass seine Schwester aufgrund ihrer Religiosität schwerlich einem Konfessionswechsel zustimmen würde, hatte die strenggläubige Calvinistin doch bereits für eine geplante Ehe mit dem Schwedenkönig einen Wechsel zum Luthertum verworfen. Für die russische Verbindung hätte Amalie zur orthodoxen, für die französische zur katholischen Kirche übertreten müssen. Und so war es wohl am besten, sie zur Koadjutorin des reichsunmittelbaren Stifts Quedlinburg zu ernennen, das seit 1697 unter der Schutzherrschaft der Kurfürsten von Brandenburg stand (der ewig klamme August der Starke von Sachsen hatte dieses Vorrecht seinem Nachbarn verkauft). 1755 wurde Amalie dort Äbtissin. Graf von Lehndorff berichtet, dass die Berliner dies lebhaft begrüßt hätten, weil die Prinzessin bei der Bevölkerung sehr unbeliebt gewesen sei und man sie dadurch los zu sein geglaubt habe.

Doch Amalie sah in ihrem neuen Amt vor allem die Chance zu gesellschaftlichem Aufstieg und zur Aufstockung ihres Budgets. Das Stift war lutherisch, sie selbst hing dem reformierten (calvinistischen) Glauben an, was indessen als kein bedeutendes Hindernis angesehen wurde. Insgesamt umfasste das dem Stift gehörende Gebiet 110 km² mit rund 13.200 Einwohnern. Amalie kehrte bald nach ihrer Einführung als Äbtissin nach Berlin zurück, wo sie ein Sommer- und ein Winterpalais unterhielt. In Quedlinburg hat sie sich insgesamt nur dreimal für jeweils wenige Wochen aufgehalten. Graf Lehndorff bemerkt in seinem Tagebuch übrigens auch, dass Amalie im Grunde gern das Single-Leben gegen ein Dasein als Ehefrau eingetauscht hätte, was ihr als Stiftsdame jederzeit möglich war. Schließlich handelte es sich bei dem Stift nicht um ein katholisches Kloster, in dem die Nonnen ewige Keuschheit geloben mussten. Nur einmal wurde eine Verliebtheit ihrerseits bekannt, die aber wegen des Standesunterschieds zu nichts führte. Im Herbst 1753 tuschelte der Hof über Amalies Neigung zu Baron Glaubnitz, der als Oberst in französischen Diensten stand.

Kaum in ihr Amt eingeführt, ließ Amalie einer gewissen makabren Neigung die Zügel schießen, stieg in die Gruft der Quedlinburger Stiftskirche Sankt Servatius hinab und ließ dort aus Neugier die Särge öffnen. Die nach Braunschweig verheiratete Schwester Charlotte teilte dies König Friedrich schriftlich mit. Sie besuchte Amalie oft, weil sie unweit des Harzstädtchens mit seinem uralten Stift, nämlich in dem Nachbarort Blankenburg, eine Residenz besaß.

Auch Amalies wissenschaftlich verbrämtes »Hobby«, Leichenteile bzw. menschliche Gliedmaßen zu sezieren, hätte wahrscheinlich manchen Bewerber um ihre Hand abgestoßen, wenn er denn davon erfahren hätte. Die Prinzessin war für den Geschmack von Männern des 18. Jahrhunderts viel zu wissbegierig und zu belesen. Als Unvermählte konnte sie sich wenigstens in engen Grenzen ihre Freiheit erhalten. Merkwürdig mutet an, wessen sogar ihre Schwester Luise Ulrike Amalie für fähig hielt. Wiederum ist es Graf Lehndorff, der uns überliefert, die Schwedenkönigin habe ihn 1758 gefragt, »ob es wahr sei, dass sie ein Kind geboren und dieses zerstückelt und im Kamin verbrannt habe.«

An allem interessiert, auch an Grenzwissenschaften, lud Amalie irgendwann zwischen 1777 und 1778 – der genaue Zeitpunkt ist nicht mehr ermittelbar – den berühmten Okkultisten Graf von Saint-Germain während dessen Berlinaufenthaltes zu einem Treffen ein.

In ihrem Amt als Äbtissin hat Amalie trotz der langen Abwesenheit einiges geleistet. Die Besetzung der Kirchen- und der Schulämter nahm sie meist nach Eignung, nicht nach Sympathie der Bewerber vor. Die allzu große Zahl der Feiertage im Jahr wurde gekürzt. Die finanzielle Unterstützung der Armen im Stift verbesserte die Prinzessin, ebenso die Stellung der reformierten Gläubigen in Quedlinburg, die sie auf eigene Kosten mit liturgischem Gerät ausstattete. Schließlich veranlasste sie noch die Einführung eines neuen Gesangbuches, dessen Erscheinen sie allerdings nicht mehr miterleben sollte.

Ihre mütterliche Seite lebte Amalie aus, indem sie in Berlin eine Reihe von Pflegekindern bürgerlicher Herkunft, darunter auch jüdischer und dunkelhäutiger Eltern, aufnahm und ausbilden ließ, allerdings nur Jungen, denn mit Mädchen konnte die Äbtissin nichts anfangen und behandelte ihre weibliche Verwandtschaft entsprechend barsch. Sie soll sogar geäußert haben, dass sie selbst lieber als Mann zur Welt gekommen wäre – eine nicht sehr erstaunliche Aussage, wenn man bedenkt, welche Möglichkeiten Männern offenstanden, während Frauen – gleichgültig, ob adlig oder bürgerlich – immer nur im Hinblick auf eine spätere Verheiratung erzogen wurden und am Katzentisch der Bildung saßen.

Prinzessin Amalie kümmerte sich nacheinander um die Mutter sowie den Bruder August Wilhelm, als diese ihre letzten Krankheiten durchlitten, zerstritt sich aber mit beiden. Mit der Zeit betrachtete sie sich als Expertin für Gesundheitsfragen im Familienkreis, dabei benötigte sie selbst dringend Hilfe. Schon als relativ junge Frau fühlte sich Amalie erschöpft und kränkelte mit unklaren Symptomen dahin. Badekuren in Aachen und Spa sollten Erleichterung verschaffen, doch meist ging es ihr anschließend noch schlechter als zuvor. Es bleibt unserer Zeit vorbehalten, die Symptome richtig zu deuten, um dem Leiden der Preußenprinzessin auf die Spur zu kommen – etwas, wofür es damals keine Heilung gab. Es handelte sich höchstwahrscheinlich um eine multifokale Dystonie, eine mit Muskelverkrampfungen einhergehende motorische Störung. So erklären sich Amalies unkontrollierbares Kopfwackeln, ihre Augenprobleme – vermutlich durch Lidkrämpfe verursacht – und die zunehmenden Probleme beim Sprechen, die ihr eine gepresst-heisere Stimme bescherten, die nach Ansicht von Zeitgenossen »wie aus einem Grab erschallte«. Im Jahr 1773, also mit 50, erlitt Amalie einen Schlaganfall, der Lähmungen nach sich zog. Das Gehen fiel ihr immer schwerer, und einige Zeit vor ihrem Tod waren ihre Hände nicht mehr fähig, die geliebten Musikinstrumente zu spielen.

Anna Amalie;
Ölbild von A. D. Therbusch, um 1771

Wie bereits erwähnt, war die Prinzessin gefürchtet wegen ihrer Launenhaftigkeit, Streitsucht und ihrer sarkastischer Bemerkungen. Dann konnte sie plötzlich wieder liebenswürdig und witzig sein, ohne dass ihre Umwelt sich diese wetterwendischen Umschwünge zu erklären vermochte. Man ist als moderner Beobachter versucht, an eine bipolare Störung zu denken. Es gab nur wenige Menschen, die Amalie zu ihrem unverbrüchlichen Freundeskreis zählen konnte. Selbst mit der Mutter und den meisten ihrer Geschwister überwarf sie sich schließlich und sollte eines einsamen Todes sterben.

In Landgräfin Karoline Henriette von Hessen-Darmstadt besaß Amalie eine Freundin, mit der sie einen lebhaften Briefwechsel unterhielt. Kennengelernt hatten sich die beiden, weil Karolines Gemahl, Ludwig IX., einige Jahre als Offizier in preußischen Diensten stand. Als jedoch 1757 der Siebenjährige Krieg ausbrach und die Familie in die süddeutsche Heimat zurückkehrte, konnten sich die beiden überaus gebildeten Damen nur noch schriftlich miteinander austauschen. Dies taten sie recht unverblümt, oft auch vor Witz sprühend. Leider musste Amalie den vorzeitigen Tod der Freundin erleben, die sich von den Strapazen einer Russlandreise nicht mehr erholte und mit 53 Jahren starb. Karoline, von Goethe die »Große Landgräfin« genannt, war auch eine der wenigen Frauen, mit denen sich Friedrich der Große auf Augenhöhe unterhielt. Auf ihr Grab in Darmstadt ließ er eine steinerne Urne stellen mit der Aufschrift »Femina sexu, ingenio vir« – »Von Geschlecht eine Frau, an Geist ein Mann«.

König Friedrich hielt auch große Stücke auf seine Schwester, die er als geistvolle Unterhalterin schätzte und die sich genau wie er als Freizeitkomponist(in) betätigte. Sie durfte ihn sogar mitten im Krieg im Feldlager besuchen. Während Friedrichs Feldzüge korrespondierten die beiden ziemlich häufig miteinander, in Friedenszeiten dagegen wenig, da ja beide in derselben Stadt wohnten. Amalie galt nicht zu Unrecht als enge Vertraute des Bruders. Dies bewirkte jedoch gleichzeitig, dass andere Geschwister von ihr abrückten, besonders Heinrich, der sie oft als »böse Fee« oder »alte Hexe« bezeichnete. Man fürchtete, Amalie werde Vertraulichkeiten an den König weiterverraten, was sie zweifellos auch tat. Der Vernunftmensch Friedrich amüsierte sich vermutlich über die seitenlangen Briefe, in denen Amalie ihm mitteilte, was ein kartenlegender Wahrsager in ihrem Auftrag über sein Schicksal bzw. das weitere Vorgehen im Krieg ermittelt hatte. Bis ins Alter hingen Bruder und

Schwester sehr aneinander, ein Streit zwischen beiden ist nirgendwo überliefert. Dass der bewunderte König 1786 das Zeitliche segnete, schien Amalie den letzten Lebensmut zu rauben. Sie starb ein halbes Jahr nach ihm in Berlin, erst 63 Jahre alt, doch vom Aussehen her für bedeutend greiser gehalten. Man setzte sie in der Hohenzollerngruft des Domes bei, nicht in Quedlinburg.

Eine letzte Boshaftigkeit leistete sich Amalie von Preußen mit ihrem Testament, mit dem sie ihre Erben enttäuschte, indem sie Verwandte bedachte, die ihr nie nahegestanden hatten. Der angebliche Lieblingsneffe bekam dagegen lediglich ihren Vorrat an spanischem Schnupftabak.

Friedrich *Heinrich* Ludwig
(* 18.1.1726 - † 3.8.1802)

Die Tragik Heinrichs, der 14 Jahre jünger war als sein königlicher Bruder, bestand darin, dass ihm bei außerordentlicher Begabung eine wirklich bedeutende Lebensaufgabe fehlte. Hinzu kam, dass Friedrich nach dem Tod des Soldatenkönigs praktisch die Vaterrolle gegenüber seinen jüngeren Brüdern vertrat und Heinrich – aber nicht nur diesen – genau so rüde behandelte, wie er selbst es vom Vater hatte erdulden müssen, physische Misshandlungen ausgenommen. Doch trotz allem Groll, den Heinrich häufig gegen Friedrich hegte, bewahrte er diesem zumindest nach außen die Loyalität und setzte als Feldherr seine ganze Kraft für ihn ein, auch wenn er mit der Kriegspolitik des Bruders nicht immer konform ging. Als Mensch war Heinrich umgänglich, charmant, sympathisch und freigebig. Er hatte ein Talent zum Friedenstiften und Vermitteln und wurde von beinahe allen gemocht, allerdings mitunter auch weidlich ausgenutzt.

Friedrich der Große nannte Heinrich sein »anderes Ich«. Und tatsächlich waren die Brüder einander nicht nur in Fähigkeiten und Begabung ähnlich. Physisch gesehen, wirkte Heinrich, der unproportioniert und sogar noch kleiner als der 1,63 m große Fritz geraten war, ein wenig wie eine Karikatur des Königs. Die auf den ersten Blick wenig einnehmenden Gesichtszüge sahen aus, als ob diejenigen Friedrichs aus den Fugen geraten wären. Heinrich hatte das, was man eine Himmelfahrtsnase nennt, und die großen, seelenvollen blauen Augen schielten entstellend nach außen, was wiederzugeben kaum ein Porträtmaler sich getraute.

Umso mehr verehrte Heinrich groß gewachsene, schlanke und elegante Männer. Schneidige Draufgängertypen, die nicht unbedingt intelligent sein mussten, hatten es ihm angetan – er war homosexuell, was ihm bereits in früher Jugend bewusst wurde.

Eine seiner ersten Erinnerungen war ausgerechnet die schreckliche Familienszene, die sich der missglückten Flucht seines Bruders Friedrich anschloss. Der vierjährige Heinrich und seine Schwester Amalie umklammerten laut schluchzend die Beine des tobenden Vaters und flehten mit der Mutter um Gnade für den Kronprinzen. Friedrich behauptete später, der kleine Heinrich sei das Lieblingskind des Soldatenkönigs gewesen. Auch er wuchs wie alle anderen Geschwister zweisprachig auf. Seine Erzieherin Madame de Jancourt machte ihn mit Sprache und Kultur Frankreichs vertraut. Ein Leben lang sollte Heinrich sich nach diesem Land sehnen, das er als Paradies der höheren Bildung und Kultiviertheit ansah. Im Alter kokettierte er sogar damit, die deutsche Sprache nicht mehr oder nur unvollkommen zu beherrschen.

Friedrich Heinrich Ludwig, genannt Prinz Heinrich; Ölbild (Ausschnitt) von A. Pesne (Werkstatt), um 1730

Wie schon bei seinen älteren Brüdern, so wurde auch bei Heinrich der Schwerpunkt der Erziehung auf militärische Ausbildung gelegt. Schon mit zwölf ernannte der Vater seinen Sohn zum Fähnrich in einem Grenadierregment. Zwei Jahre später starb der Soldatenkönig, und Friedrich II. bestieg den Thron, womit für den Prinzen eine Beförderung zum Oberst verbunden war. Heinrich avancierte zum Chef des Infanterieregiments 35 in Spandau. Hatte er bisher unter der rigorosen Tyrannei des Vaters gelebt, sah er bald, dass er mit dem Herrschaftsantritt des Bruders vom Regen in die Traufe geraten war. Friedrich bestimmte den Oberst von Stille zum Erzieher Heinrichs und des nachgeborenen Prinzen Ferdinand. Da der sonst redliche Mann als Vertrauter des Königs galt und diesem alles postwendend weitererzählte, fühlte sich Heinrich ausspioniert und entwickelte Hassgefühle gegenüber Friedrich, die sich nie mehr ganz ausräumen lassen sollten. Im Grunde genommen wiederholte sich die Leidensgeschichte des früheren Kronprinzen, jetzt mit anderen Protagonisten. Um ja nie einen Zweifel daran zu lassen, wer der Herr und Meister war, reglementierte Friedrich das Dasein des Bruders bis ins kleinste Detail. Sogar ein harmloser Besuch bei der verwitweten Mutter war genehmigungspflichtig. Finanziell wurde der Prinz äußerst kurzgehalten. Die sonst beim Adel übliche Bildungsreise, die er natürlich am liebsten nach Frankreich unternommen hätte, versagte ihm Friedrich – warum sollte der »Kleine« bekommen, was er selbst nicht erhalten hatte? Da nutzte es auch nichts, dass Heinrich listig darauf hinwies, er könne dabei das Militärwesen anderer Staaten unter die Lupe nehmen.

Im Dezember 1740 marschierte König Friedrich in Schlesien ein, womit der Erste Schlesische Krieg begann, der bis 1742 andauern sollte. Heinrich erlebte ihn als ganz junger Stabsoffizier mit, beobachtete genau und wurde Augenzeuge der Siege, aber auch der Fehlentscheidungen des großen Bruders.

1744 schenkte Friedrich dem Prinzen das Schloss Rheinsberg, in dem er selbst seine glücklichsten Jahre verbracht hatte (1736-1740). Allerdings hatte Heinrich vorerst noch kaum Zeit, auch nicht die Mittel, um sich an der Gabe zu erfreuen. Zunächst begleitete er den König als Generaladjutanten in den Zweiten Schlesischen Krieg (1744-1745). Aufgrund seiner großen Tapferkeit wurde er nach der Schlacht von Hohenfriedberg zum Generalmajor befördert. Bald danach überstand Heinrich eine Pockenerkrankung, die in seinen ohnehin nicht besonders harmonischen Gesichtszügen wüste Narben hinterließ.

Doch wenn der Prinz geglaubt hatte, sein wackerer Kriegseinsatz werde durch größere persönliche Freiheit belohnt werden, so sah er sich getäuscht. Friedrich lehnte es ab, ihm eine eigene Hofhaltung zu gewähren, und behielt den »kleinen« Bruder unter seiner Aufsicht in Potsdam. Es wurde schon als außerordentliche Vergünstigung betrachtet, dass Heinrich zusammen mit seinem jüngsten Bruder Ferdinand zur Hochzeit einer Nichte reisen durfte, als nämlich die Tochter der gemeinsamen Schwester Wilhelmine von Bayreuth den Herzog Karl Eugen von Württemberg heiratete.

Dann gerieten die Brüder auch noch in Streit, weil Friedrich – ähnlich, wie er es schon bei Prinz Wilhelm getan hatte – Heinrich vorwarf, als Befehlshaber zu lasch zu sein und in seinen Regimentern »Unordnung« zu dulden. Die Situation schien hoffnungslos verfahren. Und so, wie Friedrich sich als ultimativer Gehorsamsbeweis dem Vater gegenüber hatte verheiraten lassen, so forderte er dies jetzt von Heinrich.

Friedrich der Große verfasste sein Leben lang Abhandlungen zur Politik und suchte damit wie kaum ein anderer seiner Zeitgenossen, seinen Herrschaftsstil theoretisch zu begründen. Im Politischen Testament von 1752 äußerte er sich über »die Prinzen von Geblüt« und deren Rolle. Zwar meinte er damit vor allem die unbotmäßigen Verwandten in Schwedt, doch lässt sich auch erschließen, wie der König seine persönlichen Erfahrungen mit den jüngeren Brüdern empfunden haben muss: »Ihre hohe Abstammung flößt ihnen einen gewissen Hochmut ein, den sie Adel nennen. Er macht ihnen den Gehorsam unerträglich und jede Unterwerfung verhasst. Sind irgendwelche Intrigen, Kabalen und Ränke zu befürchten, von ihnen könnten sie ausgehen. [...] Aber das beste Verfahren ihnen gegenüber besteht darin, dass man den Ersten, der die Fahne der Unabhängigkeit erhebt, energisch in seine Schranken weist, alle mit der ihrer hohen Herkunft gebührenden Auszeichnung behandelt, [...] von den Staatsgeschäften aber fernhält und ihnen nur bei genügender Sicherheit ein militärisches Kommando anvertraut [...].«

Heinrichs Einverständnis zur Verheiratung bedeutete für ihn ein großes Opfer. Er war schwul, und Friedrich wusste es. Im Jahr 1746 hatten sich die Brüder sogar um denselben Favoriten gestritten, einen jungen Pagen namens Johann Friedrich von der Marwitz. Der Briefwechsel der Brüder sowie das Tagebuch des – ebenfalls homosexuellen – Grafen Lehndorff enthält die schriftlichen Beweise. Heinrich nahm es Friedrich noch lange übel, dass dieser ihm den Gefährten ausgespannt hatte. Die Affäre begründete sein lebenslang anhaltendes Misstrauen gegenüber dem König. Später entzweite sich Heinrich mit von der Marwitz, weil er ihm Intrigen gegen den jüngsten Preußen-Sprössling Ferdinand unterstellte.

Es sollten noch etliche Partner folgen, die teilweise großen Einfluss auf das Leben des Prinzen ausübten. Von eher flatterhafter Natur, schaffte es Heinrich nicht, eine wirklich dauerhafte Beziehung einzugehen. Die meisten seiner Favoriten waren ihm geistig unterlegen, viele waren noch nicht einmal homosexuell, sondern nutzten die verlockende Gelegenheit, in der Gunst des Königsbruders zu Amt und Würden zu gelangen, indem sie ihm gaben, was er von ihnen wollte.

Obwohl praktisch jeder am Hof Bescheid wusste, musste der Schein nach außen gewahrt bleiben. Was Homosexuellen blühte, die nicht höheren Kreisen angehörten und sich beim Ausleben ihrer Veranlagung erwischen ließen, zeigte ein Beispiel aus Potsdam. Im Oktober 1730 wurde dort ein Mann bei lebendigem Leib verbrannt. Der 52-jährige Andreas Lepsch war zwar verheiratet und Vater einer mehrköpfigen Familie, war aber bei »sodomitischen Handlungen« überrascht worden. Der fromme Soldatenkönig kannte diesbezüglich keine Gnade. Als jedoch Friedrich der Große den Thron bestiegen hatte, schaffte er die Todesstrafe für »Sodomiten« umgehend ab. Er wusste genau, warum, auch wenn er bis etwa 1740 noch mit Frauen verkehrte und mit seiner Gattin Nachwuchs zu zeugen versuchte.

Besonders boshaft war, dass König Friedrich auf einer Allianz mit Hessen-Kassel bestand, obgleich nicht einmal die Staatsräson eine Eheschließung zwischen hessisch-preußischen Partnern erforderlich machte. Das Ganze war eine reine Machtdemonstration gegenüber Prinz Heinrich, der sich zwecks Heirat eine der vier Töchter eines unbedeutenden, nachgeborenen Fürstensohnes aussuchen sollte. Ironischerweise erlaubte Friedrich, dass der Bruder in Begleitung seines neuen Lebensgefährten auf die Brautschau ging, des österreichischen Grafen Leopold Lamberg, der vier Jahre jünger als Heinrich war. Es ist reine Spekulation, da es keine schriftlichen Quellen gibt, aber möglicherweise hoffte König Friedrich, sein Bruder könne trotz seiner Veranlagung versuchen, den dringend benötigten männlichen Nachwuchs für das preußische Königshaus zu zeugen. Es gab einige Beispiele, die dazu ermunterten. So hatte beispielsweise Philipp von Orléans (1640-1701), der jüngere Bruder des französischen »Sonnenkönigs« Ludwig XIV., trotz seiner aus jungen Männern bestehenden Entourage das Kunststück vollbracht, mit seiner ersten Gemahlin Henrietta Anne Stuart vier Kinder zu zeugen und mit seiner zweiten, Liselotte von der Pfalz, dann noch einmal drei.

(Letztere schildert in ihren Briefen sehr anschaulich, wie das vonstatten ging.)

Heinrichs Wahl fiel schließlich auf Prinzessin Wilhelmine von Hessen-Kassel (1726-1808), eine bildschöne und geistreiche, mit ihm selbst gleichaltrige Frau. Am 25.6.1752 wurde im Berliner Schloss Charlottenburg die Trauung vollzogen. In der Nacht schlug dann die Stunde der Wahrheit, was für Heinrich ziemlich peinlich verlaufen sein muss: »Sie bringt mich in Verlegenheit«, schrieb er – auf französisch – über die Gemahlin an seinen Bruder Ferdinand. Obwohl Wilhelmine ihn aufrichtig ins Herz schloss, konnte sich der Prinz nicht überwinden, ein unbelastetes, freundschaftliches Verhältnis zu ihr aufzubauen, was ihm bei anderen Frauen keine Schwierigkeiten bereitete.

Wilhelmine avancierte zum Liebling der Hofgesellschaft, wurde mit Spitznamen wie »die Göttliche«, »die Unvergleichliche« usw. bedacht und machte nach außen gute Miene zum bösen Spiel. Doch in unbeobachteten Momenten ließ sie diese Maske fallen, zeigte sich unzufrieden und melancholisch. Von einem französischen Gesandten wurde die Prinzessin auch als eingebildet und »von übel angebrachtem Hochmut« beschrieben. Sie hätte so gern ein Kind gehabt. Kein Wunder, dass die verschmähte Gattin König Friedrichs, die dieses Schicksal mit ihr teilte, eine ihrer besten Freundinnen wurde. Wilhelmine und Elisabeth Christine, schreibt Graf Lehndorff, hätten »nicht einmal die Hoffnung [...], jemals darein zu kommen« (in die Lage einer Schwangerschaft nämlich). Pikanterweise verliebte sich Prinz (August) Wilhelm in die Schwägerin, wagte es aus Respekt vor dem Bruder aber nicht, mit ihr intim zu werden.

Anfangs traten Heinrich und Wilhelmine gemeinsam auf, vor allem als charmantes Gastgeberpaar auf Schloss Rheinsberg. Doch im Jahr 1766 sollte die erzwungene Gemeinschaft ein jähes Ende finden. Offenbar ließ sich Wilhelmine bei einer Intrige einspannen, die Heinrichs langjähriger Favorit Friedrich Adolf von Kalckreuth ersonnen hatte. Dieser hatte nämlich bemerkt, dass der Prinz sich allmählich einem neuen Günstling zuwandte, dem witzigen und dreist auftretenden Christian von Kaphengst. Er hoffte, Heinrich eifersüchtig zu machen, indem er in Briefen, die dem Prinzen zugespielt wurden, eine intime

Wilhelmine von Hessen-Kassel;
Ölbild von J. H. Tischbein, um 1750

Beziehung zu Prinzessin Wilhelmine vorgaukelte. Es endete für beide im Desaster. Kalckreuths Stelle als persönlicher Adjutant Heinrichs wurde prompt mit dem Rivalen besetzt, und Wilhelmine wurde aus dem Gesichtskreis des (Schein-)Gemahls verbannt. Zwar weigerte sich König Friedrich, eine Scheidung zu gestatten – allzuviel Staub aufzuwirbeln, schien auch ihm nicht ratsam –, doch in Heinrichs Berliner Palais wurden getrennte Treppenausgänge eingerichtet, wurde Wilhelmine der Aufenthalt in Rheinsberg untersagt und ihre Apanage gekürzt. Sie sollte indes Heinrich um sechs Jahre überleben und wurde sogar in seinem Testament bedacht, wobei er zugab, keinen Groll gegen sie zu hegen. Wahrscheinlich war ihm die Affäre von 1766 einfach als willkommene Gelegenheit erschienen, die unerwünschte Gemahlin loszuwerden. Wilhelmine starb am 8.10.1808 in Königsberg, wohin der preußische

Prinz Heinrich von Preußen;
Ölbild von A. Graff, um 1785

Hof auf der Flucht vor Napoleons Truppen gezogen war. Ihr Grab befindet sich in der Hohenzollerngruft des Berliner Doms.

Heinrich hatte durch die Eheschließung ein gewisses Maß an Freiheit gewonnen. In den folgenden Jahren konnte er auf Schloss Rheinsberg eine Art Musenhof aufbauen und seinem Interesse an den schönen Künsten frönen. Dabei ließ er praktische Aspekte nicht aus den Augen. Sämtliche Diener und Angestellten mussten in der Lage sein, mindestens ein Instrument zu spielen, oder schauspielerisches Talent mitbringen. Denn aus dem Personal rekrutierte sich die Besetzung des Haustheaters bzw. des Hausorchesters.

Zugleich widmete sich der Prinz der Abfassung von politischen Denkschriften, in denen königliche Entscheidungen aus den beiden Schlesischen Kriegen kritisiert wurden. Natürlich traute sich Heinrich nicht, diese Werke unter seinem wirklichen Namen zu veröffentlichen. Er wählte dazu das Pseudonym »Marschall Gessler«. Die friedlichen Zeiten waren im August 1756 ohnehin schon wieder vorbei, als König Friedrich den Siebenjährigen Krieg begann, sehr zum Unwillen Heinrichs und des Prinzen Wilhelm.

1757 ernannte der Monarch seinen Bruder zum Generalleutnant und vertraute ihm die selbstständige Führung von Truppen an. Bei Prag und Rossbach blieben die Preußen siegreich, woran Heinrich nicht geringen Anteil hatte. Doch Bruder Wilhelm hatte weniger Glück, wie wir bereits wissen, und verließ die Armee. 1758 erhielt Heinrich den Oberbefehl über denjenigen Heeresteil, der in Sachsen operierte. Im Juni starb dann Prinz Wilhelm nach quälenden Depressionen und längerem Siechtum – ein ungeheurer Schock für Heinrich. Er gab dem gemeinsamen Bruder Friedrich die Schuld an Wilhelms Tod und fürchtete von nun an insgeheim ständig, ein ähnliches Schicksal erleiden zu müssen. Dazu sollte es allerdings nicht kommen. Der König nannte Heinrich später sogar einen »fehlerlosen Feldherrn« und rühmte dessen militärisches Genie. Nach Meinung vieler wäre Friedrich der Große ohne den brüderlichen Strategen an seiner Seite oftmals nicht so glimpflich davongekommen, da er mitunter allzu unüberlegt handelte, Heinrich aber eine Schlacht vermied, wenn es nur möglich war.

Am Tag der Niederlage von Hochkirch (14.10.1758) starb im fernen Bayreuth auch noch Markgräfin Wilhelmine, die Schwester der beiden. Im folgenden Jahr setzten sich Desaster und private Schicksalsschläge fort, als der König bei Kunersdorf den Russen unterlag und mit dem Gedanken an Selbstmord spielte. Heinrich, den er bereits zum General der Infanterie ernannt hatte, sollte die Regentschaft über Preußen übernehmen, da der Thronfolger Friedrich Wilhelm, der älteste Sohn des verstorbenen Prinzen August Wilhelm und dessen Gemahlin Luise Amalie, erst 14 Jahre zählte. Man kann mit Sicherheit davon ausgehen, dass – wäre es soweit gekommen – nicht nur der Siebenjährige Krieg einen anderen Verlauf gehabt hätte, sondern auch Preußen nur ein mittelgroßer, mäßig bedeutender Staat geblieben wäre. Prinz Heinrich trachtete danach, möglichst bald mit allen gegnerischen Ländern Frieden zu schließen und die eroberten schlesischen Territorien wieder an Maria

Theresia abzutreten. Doch Friedrich der Große entschied sich fürs Weiterleben.

Ende des Jahres stritten sich die Brüder schon wieder, da Heinrich völlig zurecht die Schuld an der Niederlage von Maxen allein Friedrich gab. In seinem Ärger erkrankte der Prinz schwer und versuchte bis März 1760, sich in Wittenberg zu erholen. Dabei erwog er zeitweise, den Heeresdienst ganz aufzugeben. Doch dann bekam Heinrich den Oberbefehl in Schlesien übertragen und rettete Breslau vor österreichischer Besetzung. Aufgrund fortgesetzter Unstimmigkeiten mit König Friedrich wurde er abermals krank. 1762 errang Heinrich bei Freiberg einen glänzenden Sieg, der den Waffenstillstand zwischen Österreich und Preußen nach sich zog. Der dankbare Friedrich übereignete seinem Bruder als Belohnung die Güter Wegeleben und Westerburg. Da inzwischen in Russland eine preußenfreundliche Zarin regierte, Katharina die Große, war auch die von dieser Seite drohende Gefahr gebannt. Im Februar 1763 kam es schließlich zum Frieden von Hubertusburg, mit dem der Siebenjährige Krieg sein Ende fand.

Jetzt fand Heinrich endlich Zeit, um sich ausgiebig seinem geliebten Schloss Rheinsberg zu widmen. Er setzte umfangreiche Gestaltungsmaßnahmen in Gang, sowohl am Gebäude als auch im Park. Unterdessen blieb auch im Frieden das Verhältnis zwischen den preußischen Brüdern Friedrich und Heinrich gespannt. 1764 vereitelte der König aus politischen Gründen eine unerhörte Rangerhöhung für den Jüngeren, als eine Adelsfraktion in Polen Heinrich zum König in ihrem Land erheben lassen wollte. Außerdem verweigerte der Prinz bei einer Truppenrevue die symbolische Präsentation des Spontons, einer Art Speer, da er sich nicht auf eine Stufe mit rangniedrigeren Befehlshabern stellen lassen wollte. Für fast ein Jahr erstarb daraufhin jegliche Kommunikation zwischen den Streithähnen. Das setzte Heinrichs Gesundheit zu. Er suchte Heilung in Karlsbad und wurde auf dem Weg dorthin in vielen Städten als genialer Feldherr gefeiert und begeistert empfangen.

1766 war endlich Heinrichs neues Palais Unter den Linden in Berlin bezugsfertig – nach 18 Jahren! Von 1752 an hatte der Prinz zumindest den Winter über im Schwerinschen Palais an der Wilhelmstraße gewohnt, das er 1772 an seine Schwester Amalie verkaufte. Der Aufenthalt darin war ihm aber mittlerweile verleidet, seitdem das kostbare Mobiliar während des Siebenjährigen Krieges von den Russen zerstört worden war, als sie vorübergehend die preußische Hauptstadt besetzt hatten. Heinrich lebte nun abwechselnd in Rheinsberg und in Berlin. Nach seinem Tod beherbergte das Palais Unter den Linden ab 1810 die Berliner Universität.

König Friedrich zeigte sich in den kommenden Jahren dem Bruder gegenüber etwas großzügiger und gestattete ihm verschiedene Reisen, bei denen er mitunter seine diplomatischen Fähigkeiten beweisen durfte. So hatte Heinrich 1768 die Möglichkeit, seine in den Niederlanden verheiratete Nichte Wilhelmine zu besuchen, die Tochter des tragisch verstorbenen Bruders Wilhelm und dessen ungeliebter Gattin Luise. Heinrich lernte bei diesem Aufenthalt viel über Schiffbau, Gartenkunst und Militärwesen.

Ein Jahr später begleitete er Friedrich den Großen zu einem Treffen mit Kaiser Joseph II., und 1770 gestattete ihm der Bruder, nach Schweden zu reisen, wo die Schwester Luise Ulrike Königin war. Heinrich hatte sie zuletzt gesehen, als er 18 Jahre zählte, und musste die Beziehung zu ihr völlig neu aufbauen, was aber kein Problem darstellte. Von Juli bis September genoss er Ulrikes Gastfreundschaft. Wenn auch die Reise nach außen hin als privat deklariert wurde, so hatte der Prinz doch zahlreiche politische Instruktionen seines königlichen Bruders im Gepäck. Von Schweden aus reiste Heinrich weiter nach Russland, um Katharina die Große zu besuchen. Bis in die ersten Monate des Jahres 1771 hinein war er noch im Reich der Zarin unterwegs bzw. auf der Rückreise nach Preußen. Heinrich und Katharina verstanden sich außerordentlich gut miteinander, und es wurde nicht nur über Kunst und Philosophie gesprochen. Der Prinz entwarf eine Denkschrift zur »Befriedung Polens« – um dessen bevorstehende Teilung es hauptsächlich gehen sollte – und gefiel sich in der Rolle des Diplomaten. Statt dankbar für seinen engagierten Einsatz zu sein, neidete ihm Bruder Friedrich den Erfolg.

Während Heinrichs Aufenthalts kam Natalia, die Gemahlin des russischen Thronfolgers Paul, bei der Geburt ihres ersten Kindes ums Leben (das auch nicht überlebte). Die Verstorbene hatte das Missfallen ihrer kaiserlichen Schwiegermutter auf sich gezogen und war von dieser auf »elegante«, aber brutale Weise aus dem Verkehr gezogen worden: Auf Katharinas Befehl hin rührten die Hofärzte keinen Finger, als es zu Schwierigkeiten während des Geburtsvorgangs kam. Mutter und Kind starben aufgrund der Unterlassung notwendiger Hilfeleistung. Paul hatte seine jugendliche Frau über alles geliebt, und Prinz Heinrich hatte alle Hände voll zu tun, ihn zu trösten. Schließlich erbot er sich, ihm eine neue Gattin zu besorgen, auf welches Anerbieten die Zarin schon deswegen erfreut einging, weil sie bereits eine Liste mit Schwiegertochter-Wunschkandidatinnen angelegt hatte, als die arme Natalia noch um ihr Leben kämpfte. Ganz offiziell trat Prinz Heinrich nun als Heiratsvermittler auf und reiste mit dem jungen Witwer Paul nach Deutschland. Dort fädelte er unter Zustimmung König Friedrichs die Verlobung Pauls mit beider Großnichte ein, der württembergischen Prinzessin Sophie Dorothea, die dann nach ihrem Übertritt zur russisch-orthodoxen Kirche Maria Feodorowna heißen sollte. Vor der Heimreise nach Russland besuchte das dankbare und spontan ineinander verliebte Paar Heinrich in Rheinsberg. Die Ehe der beiden war etliche Jahre hindurch sehr glücklich – bis Paul depressiv wurde, seine Frau betrog und mit grundloser Eifersucht verfolgte.

Einen zweiten Besuch in Russland unternahm Heinrich fünf Jahre später. Doch Friedrich der Große bewirkte mit seiner Politik schließlich die Zerstörung der Freundschaft zwischen der Zarin und seinem Bruder.

1778 empfing Prinz Heinrich in Berlin den Herzog von Sachsen-Weimar, Carl August, und dessen Begleiter Johann Wolfgang Goethe (noch ohne »von«). Keine der beiden Berühmtheiten war vom jeweils anderen sonderlich beeindruckt. Der Preußenprinz, fest in seiner französischen Kulturwelt verankert, hatte weder Sinn noch Interesse für die aufblühende deutsche Literatur und konnte mit dem Verfasser des »Werther« offenbar wenig anfangen.

Im Sommer desselben Jahres hieß es dann wieder einmal, den Feldherrnstab zu ergreifen: Der Bairische Erbfolgekrieg begann, und Heinrich erhielt den Oberbefehl in Sachsen. So widerwillig wie diesmal hatte er seine Dienste noch nie zur Verfügung gestellt. Er hielt König Friedrichs Beteiligung an jenem Konflikt für falsch, blieb aber trotzdem loyal. Nach dem Frieden von Teschen (13.5.1779) verließ Prinz Heinrich endgültig die preußische Armee.

Die Quittung kam prompt. Im Jahr darauf wurde statt seiner der junge Thronfolger Friedrich Wilhelm mit Verhandlungen in Russland betraut, obgleich der König von der Begabung des Neffen nicht sonderlich überzeugt war. Heinrich zog sich schmollend in seine diversen Krankheiten zurück und fuhr 1781 sowie im Sommer 1782 für längere Zeit zur Kur nach Spa.

Das Jahr 1781 wartete außerdem noch mit einer privaten Katastrophe auf, die der Prinz lange nicht verwinden sollte. Ein französischer Schauspieler namens Blainville, der mit Heinrich zusammengelebt hatte, nahm sich das Leben, als er aufgrund von Intrigen seiner Kollegen die Gunst seines Partners verlor. Zu spät erkannte der Prinz, was tatsächlich passiert war, und stiftete dem Toten auf dem Rheinsberger Friedhof ein schönes Grabdenkmal. Außerdem unterstützte er die Witwe sowie die drei Kinder des Verstorbenen, in dessen alte Heimat er bald darauf fuhr.

Denn ein seit der Jugend gehegter Wunsch des Prinzen sollte 1784 endlich in Erfüllung gehen: eine große Reise nach Frankreich. Auf der Hinfahrt gab es Gelegenheit, sich einige Schweizer Städte anzusehen. Im August gelangte Heinrich dann nach Paris und wurde in Versailles von dem Herrscherpaar mit großem Prunk empfangen. Für Ludwig XVI. und Marie Antoinette, aber auch für den größten Teil der Adelsgesellschaft, in der der preußische Gast sich bewegte, waren diese letzten Jahre vor der Revolution wie ein Tanz auf dem Vulkan. Heinrich hatte Augen nur für die großartigen Kulturleistungen der Franzosen, vom Elend des Volkes und dessen bereits gärendem Zorn bekam er so gut wie nichts mit. Die Ende Oktober angetretene Rückreise führte ihn noch durch Lothringen und das Elsass.

Von so vielen neuen Eindrücken angeregt, ging der Hausherr bald daran, Rheinsberg weiter nach seinem Geschmack umzugestalten. Im Sommer 1786 beherbergte er einen äußerst geistreichen Gast aus dem bewunderten Frankreich, den Politiker Graf Mirabeau (1749-1791). Doch Heinrich sollte es noch bitter bereuen, diesem sein Vertrauen geschenkt zu haben. Wieder daheim, brachte der Graf ein Buch heraus, in dem er genüsslich Klatsch und Tratsch über den preußischen Hof

Prinz Heinrich von Preußen;
Ölbild nach A. D. Therbusch, um 1785

ausbreitete. Heinrich wurde darin als Person abgewertet und lächerlich gemacht. Zugleich versuchte Mirabeau, einen Keil zwischen die Preußen-Brüder Heinrich und Ferdinand zu treiben, indem er behauptete, Heinrich habe öffentlich gemacht, dass Ferdinands Kinder nicht von ihm stammten.

Doch solche Querelen waren beim Tod Friedrich des Großen noch nicht vorherzusehen. Dieser segnete am 17.8.1786 auf Schloss Sanssouci das Zeitliche. Natürlich trauerte Heinrich um seinen Bruder, fühlte sich aber auch ziemlich erleichtert. Einen Monat nach Friedrichs Tod erklärte er seine Bereitschaft, nun wieder in Preußens Armee zu dienen. Das aber lehnte der neue König, sein Neffe Friedrich Wilhelm II., barsch ab. Er hatte es dem Onkel nie verziehen, dass dieser einst als sein Tutor hatte fungieren wollen, wäre es zu seinem vorzeitigen Herrschaftsantritt gekommen. Im Verlauf der kommenden Jahre machte er Heinrich zu dessen grenzenloser Enttäuschung klar, dass er keineswegs auf dessen Ratschläge gewartet hatte. Die Rolle des diplomatischen Strippenziehers, die er so gerne ausgefüllt hätte, stand für Heinrich nicht zur Debatte.

Als im April 1787 General von Steuben ein Angebot überbrachte, Heinrich solle die Regentschaft der Vereinigten Staaten von Amerika übernehmen, lehnte der Preußenprinz ab. Ein Herrscher, so meinte er stolz, lässt sich doch nicht vom Volk wählen! Außerdem fand er es nicht rechtens, dass die Amerikaner sich von Großbritannien losgesagt und für unabhängig erklärt hatten.

Von Oktober 1788 bis April 1789 hielt sich Heinrich zum zweitenmal in Frankreich auf und genoss, ohne es zu ahnen, die letzten friedlichen Tage im dortigen Königreich, bevor die Revolution ausbrach. Zwei Jahre später spürte er dann deren Auswirkungen, als sich eine Flut adliger Emigranten auch über Preußen ergoss. Gastfreundlich, wie er war, nahm Heinrich so viele wie möglich bei sich auf.

Im Sommer 1791 wurde der Obelisk fertig, den der Prinz als Andenken an preußische Heerführer im Park von Rheinsberg hatte errichten lassen. Ein großes Fest zur Einweihung wurde gefeiert. Tausende waren dazu herbeigeströmt. Zwar behauptete Heinrich, er habe der preußischen Armee ein Zeugnis der Dankbarkeit hinterlassen wollen, doch in Wirklichkeit handelte es sich um nichts weniger als seine persönliche Korrektur der Ungerechtigkeit seines Bruders Friedrich. Der Obelisk trug französische (!) Inschriften und 28 Bildnismedaillons preußischer Militärs. Gewidmet war das Denkmal dem so schmählich verstoßenen Prinzen August Wilhelm. Daneben tauchten Männer auf, die von Friedrich dem Großen zurückgesetzt worden oder bei ihm in Ungnade gefallen waren. Generalfeldmarschall James Keith (1696-1758) wurde als Opfer von Friedrichs Leichtsinn dargestellt, ebenso Generalmajor von

Wobersnow (1708-1759), der in einer Schlacht gefallen war, die zu schlagen er abgeraten hatte. Dass König Friedrich selbst unter den Helden fehlte, war im Grunde eine Provokation. Auch Generäle, die er Heinrichs Meinung nach in ungerechter Weise bevorzugt hatte, waren auf dem Denkmal nicht vertreten.

Prinz Heinrich fuhr fort, die preußische Regierung mit unerwünschten Denkschriften zur politischen Lage einzudecken. Verbittert stellte er fest, dass man auf seine Meinung keinen Wert legte. So trat Preußen gegen seinen Rat 1792 in den Krieg gegen das revolutionäre Frankreich ein. 1793 erklärte der Prinz bei der zweiten Teilung Polens den dortigen Einmarsch preußischer Truppen für unverantwortlich. Immerhin zog ihn sein Neffe, König Friedrich Wilhelm II., hinzu, als im Herbst 1794 Friedensverhandlungen mit Frankreich aufgenommen wurden. Doch nach dessen viel zu frühem Tod am 16.11.1797 wurde auch nichts besser für den alternden Feldherrn. Denn als der älteste Sohn des Verstorbenen als Friedrich Wilhelm III. den Thron bestieg, musste Heinrich zum wiederholten Male erleben, dass seine Ratschläge überhört wurden. Dennoch fuhr er unverdrossen fort, Reformvorschläge zu machen und Schriften herauszubringen.

1798 erhielt der Prinz das Jagdschloss Wusterhausen geschenkt, an das er und seine Geschwister so düstere Erinnerungen hatten. Heinrich veränderte die Einrichtung und hielt sich mehrfach dort auf. Allmählich wirkte er auf seine Umgebung wie ein lebendes Fossil – in Sprache, Kleidung und Gebräuchen. Mit seiner Gesundheit ging es trotz regelmäßiger Bade- und Trinkkuren bergab. So ließ Heinrich 1801 in weiser Voraussicht im Rheinsberger Park eine Grabpyramide errichten. Sie sieht wegen der abgebrochenen Spitze unvollendet aus, doch das war eben die Absicht des Erbauers, der sein eigenes Leben und Streben als genauso unvollendet empfand. In der Hohenzollerngruft des Berliner Domes wollte er nicht liegen. Schloss Rheinsberg vermachte er seinem Lieblingsneffen Louis Ferdinand, nicht ahnend, dass man diesen um sein Erbe betrügen würde. Sorgfältig suchte Heinrich im Testament alle diejenigen zu bedenken, die ihm Gutes erwiesen hatten.

Die homosexuelle Veranlagung des Königsbruders wurde bereits erwähnt. Inwieweit seine Favoriten Einfluss auf Heinrichs Leben hatten, ist nicht unbeträchtlich und soll hier darum im Überblick, wenn auch naturgemäß unvollständig, dargestellt werden.

Graf Ernst Ahasverus Heinrich von Lehndorff (1727-1811), Kammerherr der Königin Elisabeth Christine, gehörte zum Kreis der Günstlinge Heinrichs, dem er in einer langjährigen On/Off-Beziehung verbunden war. Um seine Familie nicht aussterben zu lassen, heiratete der schwule Graf zweimal und zeugte Kinder mit seinen Gemahlinnen. Sehr wichtig sind die Tagebücher Lehndorffs, die eine wertvolle authentische Quelle der friderizianischen Epoche bilden. Sie geben auch – aber keineswegs als einzige Dokumente – Auskunft über Heinrichs Männerfreundschaften.

Wir haben bereits erfahren, dass Friedrich Adolf von Kalckreuth (1737-1818) 1766 nach einigen Jahren an Heinrichs Seite in Ungnade fiel. Einerseits hatte der persönliche Adjutant des Prinzen den Bogen überspannt, was die Ausnutzung seiner Beziehung zum Aufstieg bei Hofe anging, und andererseits hatte Heinrich bereits den jungen Christian

Prinz Heinrich mit Bogislav Friedrich Emanuel von Tauentzien; Lithographie von Cunningham, 1787

Ludwig von Kaphengst (1743-1800) kennengelernt, auch er ein Abenteurertyp aus einer Familie des Landadels. Im Siebenjährigen Krieg verliebte sich der leicht entflammbare Heinrich in den Offizier und nahm ihn nach dem Friedensschluss 1763 mit nach Rheinsberg. Kaphengst war kein leuchtender Intellektueller, dafür aber sportlich, gesellig, von überschäumender Lebensfreude, waghalsig und spontan. Er wusste wie kein anderer Feste zu inszenieren, Ballette aufzuführen und den Rheinsberger Alltag zu verschönern.

Der Günstling gab sich seinem Herrn vor allem aus Karrieregründen hin. Ansonsten bevorzugte er Frauen, die er bei gelegentlichen Urlauben in Berlin auch gerne aufsuchte. Prinz Heinrich war Kaphengst schließlich völlig hörig und stürzte sich in Schulden, die er lange nicht wieder abtragen konnte. Friedrich der Große missbilligte dies und versuchte, seinen Bruder zu bestechen. Gegen eine Gabe von 10.000 Friedrichsdor sollte er 1774 den Major entlassen. Das tat Heinrich zwar pro forma, kaufte seinem Favoriten aber von dem Geld die nahebei gelegenen Güter Meseberg, Baumgarten, Schönermark und Rauschendorf. Erst 1785 trennten sich die Partner endgültig, als nämlich Heinrich hatte feststellen müssen, dass Kaphengst auf seine Kosten jahrelang in die eigene Tasche gewirtschaftet hatte. Doch selbst als der dreiste Mann 1789 eine Frau heiratete und eine Familie gründete, durfte er – durch Glücksspiel hoch verschuldet – von dem Ex-Gefährten noch eine Pension beziehen. Kaphengsts Gut Meseberg dient gegenwärtig als Gästehaus der deutschen Bundesregierung.

1776 kam der erst 16-jährige Fähnrich Bogislav Friedrich Emanuel von Tauentzien (1760-1824) an den Hof des Prinzen Heinrich. Sein Vater sollte später auf dem Rheinsberger Obelisken als Kriegsheld aufgeführt werden. Auch Bogislav zeichnete sich militärisch aus, besonders im Krieg gegen Napoleon 1813. Er brachte es bis zum General und wurde in den Grafenstand erhoben. Ein um 1785 gemaltes, 1787 lithographiertes Bild von Cunningham ist das einzige zeitgenössische Bild, das Heinrich – im Alter von 59 Jahren – mit einem seiner Partner zeigt, nämlich mit dem damals 25-jährigen Tauentzien. 1791 trennten sich die beiden, als der junge Major aus Karrieregründen in die Dienste König Friedrich Wilhelms III. trat. Heinrich verzieh ihm diesen »Verrat« nie.

Der Letzte in der Reihe bedeutender Günstlinge war Antoine Charles Etienne Paul Graf La Roche-Aymon (1772-1849), der als 20-jähriger (1792) vor dem Revolutionschaos aus seiner französischen Heimat hatte fliehen müssen und zwei Jahre später in Rheinsberg aufgenommen wurde. Als Leutnant war er Chef eines Husarenkommandos und Prinz Heinrichs persönlicher Adjutant. Diesen störte es nicht, dass der junge Mann sich eigentlich mehr für Frauen interessierte. Heinrich vererbte ihm und seiner Gemahlin, Karoline von Zeuner, einer Hofdame von Heinrichs verschmähter Gattin Wilhelmine, das Gut Köpernitz. Er veranlasste La Roche dazu, ein dann vielgerühmtes Werk in vier Bänden über die Kriegskunst zu schreiben, und stellte ihm dafür die eigene Bibliothek zur Verfügung, die er ihm später ebenfalls vererbte. Nach Heinrichs Tod wurde La Roche vom preußischen König gezwungen, alle persönlichen Dokumente, Briefe und Tagebücher Heinrichs, die jener ihm sämtlich vermacht hatte, herauszugeben. Eigentlich hatte der Freund diese veröffentlichen sollen, um den Verleumdern des Prinzen mit Tatsachen entgegenzutreten. Daraus wurde nun nichts – vermutlich weil man bei Hof nicht riskieren wollte, dass allzuviel Privates über den Bruder der »Legende« Friedrich bekannt würde. Auch La Roche tat sich in den Kriegen gegen Napoleon hervor und kehrte nach dessen Sturz wieder nach Frankreich zurück. Dort lebte er hochgeehrt bis 1849.

Prinz Heinrich erlitt 1801 einen Schlaganfall, von dem er sich noch einmal erholte. Doch seine Kräfte schwanden zusehends. Am 3.8.1802 starb er friedlich und ohne großen Todeskampf, 76 Jahre alt. Zwei Tage später wurde er, so, wie er es gewünscht hatte, in der Rheinsberger Pyramide beigesetzt.

August *Ferdinand*
(*25.5.1730 - †2.5.1813)

Bei der Geburt ihres 14. und letzten Kindes war Königin Sophie Dorothea 43 Jahre alt. Eine Woche zuvor hatte sie noch an den Feierlichkeiten zur Verlobung der Tochter Charlotte mit dem Erbprinzen von Braunschweig teilgenommen. Sie verdankte es ihrer robusten Natur, alle Geburten ziemlich komplikationslos überstanden zu haben.

Als Nesthäkchen wurde der kleine Ferdinand von fast allen verhätschelt, was seinem Charakter zunächst nicht gut bekam. Viele der Geschwister waren schon erwachsen oder in jugendlichem Alter. Naturgemäß schloss er sich dem vier Jahre älteren Bruder Heinrich an, was lebenslang so bleiben sollte.

Kronprinz Friedrich, der vier Monate nach Ferdinands Geburt seine missglückte Flucht wagte, urteilte gehässig über den Kleinen, der selbstverständlich zum Militärdienst bestimmt wurde. Er behauptete, der Junge habe alle schlechten Eigenschaften des gemeinsamen Vaters geerbt ohne die guten. Und sobald sich seine jugendliche Tollheit gelegt haben werde, werde Ferdinand der Niederträchtigste aller Preußen-Geschwister sein.

Der Bub war ein lebhafter Springinsfeld, der neugierig die Welt erkundete. Seine Geschwister gaben ihm den Spitznamen »Herr Keske« oder auch »Käse«, was sich

Prinz Ferdinand;
Ölbild (Ausschnitt) von A. Pesne, um 1734

von der französischen Frage »Qu'est-ce que c'est?« (»Was ist das?«) ableitete. Aber das Leben am Hof bedeutete auch für ihn kein Zuckerschlecken. Der Prinz kannte seinen Vater praktisch nur noch als kranken, unglaublich reizbaren Mann. Er reagierte auf die Spannungen, indem er bis zum siebten Lebensjahr weder Blase noch Darm zu beherrschen vermochte. Dafür setzte es dann wiederum Prügel. Seine angestaute Wut ließ das Kind dann so heraus, wie es das beim Vater als Vorbild erlebte. Beispielsweise zerschlug Ferdinand einmal mit einem Degen sämtliche erreichbaren Fensterscheiben. Und so hagelte es beständig Strafen. Der Junge wurde schließlich zurückhaltend und misstrauisch – wen wundert es?

Mit acht Jahren begann die militärische Laufbahn des Prinzen, als er dem Regiment seines Bruders Friedrich in Ruppin als Fähnrich zugewiesen wurde. Nachdem dieser 1740 den Thron bestiegen hatte, bestellte der König einen seiner Freunde aus dem Rheinsberger Kreis, den Obersten Christoph Ludwig von Stille, zum Erzieher seiner beiden jüngsten Brüder. Zwar war Stille ein freundlicher, gebildeter Mann, der fünf Sprachen beherrschte, aber er gab jede Kleinigkeit an Friedrich weiter, von dem es dann schriftliche Ermahnungen setzte. Prinz Heinrich misstraute dem »Verräter« und suchte ihn auszutricksen, während Ferdinand immer wieder mit seinem Erzieher heftige Auseinandersetzungen hatte. Stille beurteilte seinen Zögling als eigensinnig und schwer zu lenken.

Mit 15 Jahren wurde der Prinz noch ausgeschimpft, weil er zur Gaudi der Hofdamen im Gottesdienst laut und falsch sang – er befand sich mitten im Stimmbruch. Unmusikalisch war Ferdinand gewiss nicht. Ebenso wie seine Geschwister musizierte er auf mehreren Instrumenten. Zwei Jahre später wurde er bereits selbst Vorgesetzter eines Infanterieregiments in Ruppin. Trotz seiner zierlichen Gestalt – wie Heinrich war auch er noch kleiner als der 1,63 m messende König Friedrich – erwarb sich Ferdinand Achtung und Autorität.

Seinem Freiheitsdrang widerstrebte es allerdings, Leben und Hofhaltung bis in kleinste Details vom großen Bruder in Potsdam vorgeschrieben zu bekommen. Er durfte nicht einmal Mutter oder Schwester in Berlin besuchen ohne Genehmigung Friedrichs, der ihm dafür einen Vorspannpass für die Kutschpferde gewähren musste. Sogar die Anzahl der Kerzen, die er im Haushalt verbrauchen durfte, bestimmte der König. Die Prinzen Heinrich und Wilhelm wurden genauso behandelt, was die Brüder allmählich gegen Friedrich aufbrachte. Durften sie sich treffen, dann musizierten die Drei oft zusammen: Ferdinand am Klavier, Heinrich auf der Violine, Wilhelm am Cello.

Ferdinand hatte als junger Twen mehrere Liebschaften, unter anderem mit Frau von Dönhoff, der Oberhofmeisterin von Prinz Heinrichs Gemahlin Wilhelmine von Hessen-Kassel. Ihm sollte es als Einzigem unter den Geschwistern gelingen, eine Liebesehe einzugehen. Ende 1754 verliebte sich der Prinz in seine Nichte, die acht Jahre jüngere Anna Elisabeth Luise von Brandenburg-Schwedt. Sie war eine der Töchter von Ferdinands Schwester Sophie mit dem »tollen Markgrafen« Friedrich Wilhelm. Das kapriziöse junge Geschöpf galt als eine der schönsten Frauen Berlins. Zwar stemmte sich Luises Vater erbittert gegen die Verbindung, und auch Mutter Sophie zeigte sich anfangs skeptisch. Doch nachdem Friedrich der Große als Familienchef das letzte Wort gesprochen und sich einverstanden erklärt hatte, waren alle Hindernisse aus dem Weg geräumt. »Es ist eine Ehe nach jüdischer Art, denn sie bleibt in der Familie«, scherzte der ewige Spötter. An Wilhelmine schrieb er nach Bayreuth: »Sie werden sehen, dass aus dieser Verbindung ganze Völkerschaften hervorgehen.« Mit dieser Prophezeiung sollte sich Friedrich allerdings irren, doch dazu später.

Der französische Gesandte Charles Nicolas Chevalier de La Touche, der von 1752 bis 1756 am preußischen Hof wirkte, beschrieb Ferdinand und Luise wenig enthusiastisch mit folgenden Worten: »Dieser Prinz besitzt in der Tat gar keinen Charakter, und seine Gutmütigkeit kommt wohl nur von seinem sehr beschränkten Geiste. Er ist ebenso geizig wie Prinz Heinrich freigebig und verschwenderisch. Ihm macht nichts Spaß, und er beschäftigt sich nur mit Nichtigkeiten und dem militärischen Dienstbetrieb. Er hat seine Nichte zur Frau, eine Prinzessin, die in den rechten Händen liebenswerte Eigenschaften entwickeln könnte. Anscheinend jedoch schenkt sie ihr Vertrauen zwei jungen geistlosen Frauen von ausgesprochener Gefallsucht. Im übrigen hat sie ein gutes Herz, aber ihre Oberhofmeisterin vermag aus dieser guten Anlage nichts zu machen.«

Die 17-jährige Luise und der 25-jährige Ferdinand heirateten am 27.9.1755 im Schloss Charlottenburg. Zunächst ließen sie sich in Ruppin nieder, wo Ferdinand seinen Militärdienst versah. Später übersiedelten sie nach Berlin und wohnten seit 1762 im Schloss Friedrichsfelde, das noch heute im Berliner Tierpark steht.

Es dauerte, entgegen der Prophezeiung König Friedrichs, sehr lange, bis der ersehnte Kindersegen eintraf. Erst sechs Jahre nach der Hochzeit, am 1.11.1761, wurde die Tochter Friederike (Elisabeth Dorothee Henriette Amalie) geboren, die zum Kummer ihrer Eltern stets kränklich blieb und unter epileptischen Anfällen litt. Elfjährig starb das geistig zurückgebliebene Kind an den Pocken (28.8.1773). Weitere acht Jahre vergingen, bis ein zweiter Sprössling zur Welt kam, Friedrich (Heinrich Emil Karl, 1769-1773). Auch er erwies sich als krankheitsanfällig und entwicklungsverzögert und wurde nur vier Jahre alt: Er starb im selben Jahr wie seine Schwester, ebenfalls an den Pocken. Von 1770 an aber bekam Prinzessin Luise plötzlich zum Erstaunen ihrer Umgebung einige Zeit lang jedes Jahr ein gesundes Kind. In eingeweihten Kreisen glaubte man zu wissen, weshalb.

Gegen Ende der 1760er Jahre gab es im preußischen Königshaus nur zwei männliche Vertreter der jungen Generation, den nachmaligen König Friedrich Wilhelm II., der aber aus seiner mit der Cousine Elisabeth geschlossenen Ehe »nur« eine Tochter hatte, außerdem seinen Bruder Heinrich, der jedoch 1767 im Alter von 20 Jahren plötzlich starb. Friedrich der Große wusste genau um die Kriegsgefahr, die beim Aussterben seiner Dynastie drohen würde, wenn andere Länder Preußen als Beute unter sich aufteilen würden. So gab er seiner Nichte Luise, Ferdinands Frau, sein stillschweigendes Einverständnis, mit einem anderen Partner als biologischem Vater eine Familie zu gründen, die offiziell als diejenige Ferdinands gelten sollte. Denn das Drama um die ersten beiden Kinder hatte ja gezeigt, dass die offenbar allzunahe Verwandtschaft des Ehepaars ein gefährliches Hindernis darstellte, zumal schon die Vorfahren beider Vetter und Base ersten bzw. zweiten Grades gewesen waren.

So wurde Luise, auch als »Prinzessin Ferdinand« bezeichnet, für mehrere Jahre zur Geliebten des Grafen Friedrich Wihelm Carl von

Schmettau (1742-1806), der sich als Topograph einen Namen gemacht hatte und nach dem Siebenjährigen Krieg als Adjutant in Ferdinands Dienste getreten war. Ob der notorisch eifersüchtige Prinz sich so sehr eine eigene Familie wünschte, dass er bereit war, über das Fremdgehen seiner Frau hinwegzusehen und »Kuckuckskinder« aufzuziehen, ist unklar. Dass Ferdinand nur seinen Jüngsten, Prinz August (1779-1843) als »Bastard« betrachtete, spricht eher dagegen, dass er in das Geschehen eingeweiht war.

Bei jeder neuen Schwangerschaft erstattete Schmettau persönlich dem König Bericht. Als er jedoch das vierte Kind ankündigte, soll dieser – auf französisch – geknurrt haben: »Nun ist's aber genug, Schmettau!« So überlieferte es im 19. Jahrhundert der Diplomat Karl August Varnhagen von Ense, doch es gibt einen weiteren glaubhaften Zeugen: Graf Heinrich Levin von Wintzingerode, während der Jugendjahre ein

Prinz Ferdinand von Preußen
mit seiner Frau Luise von Brandenburg-Schwedt und den Kindern;
Ölbild von A. D. Therbusch, um 1780

enger Freund der Familie im persönlichen Umkreis Prinzessin Luises. Er hält in seinen Memoiren die Ereignisse mit fast gleichlautenden Worten fest, und Varnhagen kann sie durchaus von ihm selbst erfahren haben, da sich beide 1814/15 für längere Zeit zusammen auf dem Wiener Kongress aufgehalten hatten.

König Friedrich II. jedenfalls titulierte die Kinder seines jüngsten Bruders im Ärger als »verfluchte Schmettausche Brut«. Und zum Ärger des preußischen Hofes schrieb Graf Mirabeau, der bedeutende französische Politiker, nach einem halbjährigen Berlinaufenthalt ein Buch, das 1789 in Paris erschien. Darin trompetete er in die Welt hinaus, wie es sich mit der Vaterschaft von Ferdinands Kindern verhalte. Im Jahr darauf fiel Graf Schmettau wegen einer kritischen Veröffentlichung über den Bairischen Erbfolgekrieg in Ungnade und nahm – vorläufig – seinen Abschied vom Militär.

Das erste Ferdinand-Kind, das Schmettau – vermutlich – gezeugt hatte, war Luise (1770-1836). Die nach ihrer Mutter Benannte schrieb später ihre Memoiren, die eine wichtige Quelle zur Geschichte der preußischen Hohenzollern darstellen. Luise sollte eine Liebesheirat eingehen. Da sich ihre ehrgeizige Mutter, die sie gerne an der Seite des Cousins (!) als Königin von Preußen gesehen hätte, vehement dagegen sträubte, genau wie auch der zukünftige Schwiegervater, bedurfte es der ganzen Verhandlungskunst des geliebten Onkels Heinrich, der sich für das Liebespaar einsetzte. Und so bekam Luise den polnischen Fürsten Anton Radziwill (1775-1833) zum Ehemann. Eine Tochter der beiden, Elisa, wollte die Tradition fortsetzen und den Preußenprinzen Wilhelm – später König und Kaiser Wilhelm I. – aus Liebe heiraten. Doch ein jahrelang dauernder Kampf um die Anerkennung ihrer Ebenbürtigkeit zermürbte Elisa, die schließlich zusehen musste, wie man den Mann ihrer Wahl mit einer ungeliebten Prinzessin aus Weimar verkuppelte. Sie starb drei Jahre vor ihrer untröstlichen Mutter Luise, noch nicht ganz 30 Jahre alt.

Der Sohn Christian Friedrich Heinrich (1771-1790) ging zum Militär und wurde Koadjutor des Heermeistertums der Johanniter zu Sonnenburg. Doch 18-jährig erlag er der Tuberkulose. Die Hofärzte hatten dem Lungenkranken dringend eine Reise ins warme Klima Südeuropas nahegelegt, doch der geizige Vater schob den Ortswechsel aus Kostengründen so lange auf, bis es zu spät war.

Karriere machte dagegen Heinrichs Bruder Friedrich Christian Ludwig Ferdinand, bekannt unter dem Namen Louis Ferdinand (1772-1806). Selbstverständlich wurde auch er militärisch ausgebildet. Schon früh zeigte sich seine geradezu geniale Begabung auf diesem Gebiet, die seine Eltern leider nicht erkannten – oder erkennen wollten. Seine gesamte Jugend hindurch wurde Louis kurzgehalten, während sein jüngerer Bruder August, der erklärte Liebling der Mutter, mit Geld und Besitz überschüttet wurde. Ständig musste er sich, nicht nur wegen der Schulden, die er anhäufte, Tadel und Ermahnungen anhören. Verständnis für ihn zeigten lediglich sein Onkel Heinrich, der ihn nach Kräften förderte und finanziell unterstützte, sowie die Tante Amalie, die Louis vermutlich den Musikunterricht ermöglichte – in den Haushaltsrechnungen seiner Eltern werden dergleichen Ausgaben mit keinem Wort erwähnt. Beide Verwandten bewunderten, genau wie später Beethoven, Louis' außergewöhnliches Talent als Pianist. Prinz Heinrich vermachte dem Neffen Schloss Rheinsberg, doch wusste es König Friedrich Wilhelm III. zu verhindern, dass der heimlich beneidete Vetter das Erbe antreten konnte. »Louis stieß bei seinem militärischen Avancement, seinen Erbansprüchen und Heiratsplänen immer wieder auf Hindernisse, und [sein jüngerer Bruder] August sollte keine Möglichkeit bekommen, sich standesgemäß zu verheiraten, so dass nach seinem Tod das gesamte Vermögen Ferdinands an die Krone zurückfiel. Man sprach es nicht offen aus, aber man behandelte Ferdinands Söhne wie Bastarde«, schreibt Eva Ziebura dazu.

Louis Ferdinand stürzte sich schließlich in einem Gefecht bei Saalfeld tollkühn in den Kampf gegen Napoleons Soldaten – und fiel »fürs Vaterland«. »Prinz Louis war gefallen, und Preußen fiel ihm – nach«, wie es bei Fontane heißt. Sein mutmaßlicher Erzeuger, Graf Schmettau, kam wenige Tage später bei Jena ums Leben. Manche Augenzeugen meinten, Prinz Louis habe den Tod geradezu gesucht. Er hinterließ zwei uneheliche Kinder, Blanca (genannt Blanche) und Louis, die ihm die Berliner Fabrikantentochter Henriette Fromm geboren hatte und die unter dem Namen »von Wildenbruch« geadelt wurden. Fürstin Luise Radziwill

Prinz Ferdinand von Preußen;
Pastellbild von J. H. Schröder, um 1790

nahm sich der beiden an. Sie wuchsen schließlich gemeinsam mit ihren eigenen Kindern auf. Aus weiteren Beziehungen stammten Caroline Henriette Bentley sowie die Zwillinge Theodor und Wilhelm Klitsche de la Grange.

Noch zweimal brachte Prinzessin Luise Nachwuchs zur Welt. Der Sohn Friedrich Paul Heinrich August starb 1776 schon nach drei Tagen. Das letzte Kind, der bereits kurz erwähnte Friedrich Wilhelm Heinrich August (1779-1843), zog die Mutter allen anderen Geschwistern erkennbar vor. Während diese beständig gescholten und bestraft wurden, ließ sie dem Nesthäkchen alles durchgehen und verhätschelte es. Später erhielt August Zuwendungen und Apanagen. Seine Geschwister hingegen bekamen wenig bis nichts. Es grenzt an ein Wunder, dass sein Charakter aus einer solchen Erziehung relativ unverdorben hervorging. Doch lange Zeit wurde durch Augusts Person Unfriede in die Familie getragen. Er brachte es bis zum Rang eines Generals, geriet aber nach der Schlacht bei Jena und Auerstedt in französische Gefangenschaft. 1806/07 hielt er sich daher in Paris auf, wo man ihn in der Gesellschaft herumreichte, aber auch als Gast von Madame de Staël im Schweizer Schloss Coppet. Dort verliebte sich August unsterblich in die schöne Juliette Récamier, bot ihr die Ehe an und hoffte, sie werde sich seinetwegen von ihrem Gemahl, einem ältlichen Bankier, scheiden lassen. Dies erwies sich indessen als schwieriges Unternehmen, vor dem die Dame zurückschreckte. Doch auf dem bekannten Porträt von Franz Krüger – heute in der Alten Nationalgalerie in Berlin –, auf dem Prinz August 1837 in einem Zimmer des Wilhelmstraßen-Palais dargestellt ist, hängt noch immer das weltberühmte Bild Madame Récamiers von Gérard direkt hinter ihm an der Wand. Als Generalinspekteur der Artillerie erwarb sich August um das preußische Militär große Verdienste. Bei seinem Tod hinterließ er elf uneheliche Kinder von zwei Lebensgefährtinnen, die jeweils unter den Namen »von Waldenburg« bzw. »von Prillwitz« geadelt wurden.

Anders als seine Söhne verbrachte Prinz Ferdinand nicht sein gesamtes langes Leben im Dienst des Militärs. Zwar kam er bereits mit acht Jahren als Fähnrich zur Armee und wurde mit zehn Jahren zum Chef (!) eines in Neuruppin stationierten Regiments ernannt. Als Generalmajor zog er 1756 mit in den Siebenjährigen Krieg, kämpfte u.a. in den Schlachten bei Breslau und Leuthen, nahm jedoch schon im März 1758 zum letztenmal an einem Feldzug gegen Österreich teil. Immerhin schlug er sich so wacker, dass der königliche Bruder ihn zum Generalleutnant beförderte. Doch während der Belagerung von Breslau musste auch Ferdinand wochenlang im tiefen Schnee biwakieren und zog sich eine ernsthafte Lungenerkrankung zu. Schließlich sah sich der Prinz aus gesundheitlichen Gründen gezwungen, endgültig seinen Abschied vom Heer zu nehmen. Dies tat er umso lieber, als in jener Zeit sein Bruder Wilhelm starb. Wie wir schon wissen, gab Prinz Heinrich und in seinem Gefolge auch Ferdinand die Schuld daran König Friedrich selbst.

Da sich der Jüngste der Preußen-Geschwister ähnlich überwacht und gemaßregelt vorkam wie Heinrich, blieben die Brüder lebenslang in Opposition zum Herrscher. Einmal verstieg sich Heinrich sogar dazu, in einem Brief an Ferdinand zu wünschen, die gemeinsame Mutter hätte besser eine Fehlgeburt gehabt, als Friedrich zur Welt zu bringen.

1763 wurde Prinz Ferdinand zum Herrenmeister der Ballei Brandenburg des Johanniterordens zu Sonnenburg ernannt. Diese Würde brachte ihm jährlich 30.000 Taler ein, mit denen sich als Privatmann recht ordentlich leben ließ. Außerdem durfte er dadurch das Ordenspalais am Berliner Wilhelmplatz bewohnen. Als mit wachsender Kinderzahl Schloss Friedrichsfelde – heute ein Museum – zu klein wurde, konnte Ferdinand darangehen, etwas Neues bauen zu lassen. Von Michael Philipp Boumann ließ er 1785 im Berliner Tiergarten das Schloss Bellevue als Sommersitz errichten, doch ganz fertig wurde es erst im Jahr 1790. In der heutigen Zeit dient es als Amtssitz des deutschen Bundespräsidenten.

Der Haushalt Ferdinands vergrößerte sich um 1766 noch um ein weiteres Mitglied: Prinzessin Philippine von Brandenburg-Schwedt, die noch unverheiratete Schwester seiner Frau Luise, zog ein und verließ die Familie erst, als sie 1773 nach Kassel ging, um dort die Gemahlin des Landgrafen zu werden.

Im Laufe von 45 Jahren wechselte Ferdinand mit seinem Bruder Heinrich mehrere Tausend Briefe. Wenig sympathisch wirkt indes, wie er die Schwägerin Wilhelmine von Hessen-Kassel fallenließ, mit der er sich lange Zeit ausgezeichnet verstanden hatte. Als der homosexuelle Heinrich die Gelegenheit wahrnahm, mithilfe einer tückischen Intrige sowohl die ihm aufgezwungene Frau als auch einen abgelegten Liebhaber loszuwerden, stellte sich Ferdinand aus reinem Opportunismus auf die Seite des Bruders und brach zum Kummer Wilhelmines, die sich seine plötzliche Feindseligkeit nicht erklären konnte, jeglichen Kontakt mit ihr ab. Erst in den 1790er Jahren kam es zu einer Wiederannäherung.

Doch nicht nur Heinrich, auch die übrigen Geschwister außer Friedrich korrespondierten nach dem Tod Wilhelmines von Bayreuth und Wilhelms (1758) am liebsten mit dem »Nesthäkchen« und wählten ihn aufgrund seiner gutmütigen, ausgleichenden Natur und seines aus-

Luise von Brandenburg-Schwedt als Witwe, Ölbild von C. Bardua, um 1819

gesprochenen Familiensinns zu einer Art Beichtvater. Ferdinand, der für alle wie ein Ruhepol zwischen den Streithähnen und -hennen gewesen war, empfand es als schweren Schlag, als Heinrich 1802 starb und er nun ganz allein noch übrig war aus der Schar der einst 14 Geschwister.

Verglichen mit denen, die komponierten, malten oder Denkschriften verfassten, steht Ferdinand zwangsläufig als nur mittelmäßig begabt da, weil er nichts von alledem tat. Doch ihn als bedeutungslos abzutun, damit täte man ihm äußerst unrecht. »Er war ein Privatier aus königlichem Hause, der seine Grenzen kannte«, meint Charlotte Pangels. Der Prinz erlebte die stürmische Napoleonzeit noch mit und blieb standfest in der Hauptstadt zurück, während der Hof 1806 voller Panik nach

Ostpreußen floh. So trat der alte Herr dem französischen Eroberer würdevoll entgegen. In den noch verbleibenden Lebensjahren fiel es Ferdinand zunehmend mehr auf die Nerven, als eine Art von lebendem Überbleibsel aus der Zeit des Alten Fritzen bestaunt zu werden.

Immerhin aber hatte er nach wie vor seine Frau Luise, mit der er 1805 Goldene Hochzeit feiern konnte. Die beiden verstanden sich noch immer und empfingen bedeutende Gäste, wenn die Gesundheit es erlaubte. Manchmal fuhren sie auch gemeinsam zur Kur, was sie bereits in den 1760er Jahren zum erstenmal getan hatten, als Luise schwer unter einer Hautkrankheit gelitten hatte (Furunkulose). Da Ferdinand wusste, dass seine Gemahlin kein Wohnrecht für das Ordenspalais besaß, falls er als Erster sterben sollte, erwarb er in der Berliner Wilhelmstraße 65 noch eine private Wohnung als Witwensitz. In späteren Jahren befand sich dort das preußische Justizministerium.

Kurz vor seinem 83. Geburtstag war für Prinz Ferdinand die Stunde gekommen. Im Kreise seiner Familie starb er an Altersschwäche und wurde in der Gruft des Berliner Doms beigesetzt. Luise überlebte ihn zwar noch um sieben Jahre, verbrachte diese aber zuletzt in geistiger Umnachtung. Am 10.2.1820 folgte sie ihrem Gemahl in die Ewigkeit und wurde an seiner Seite beigesetzt.

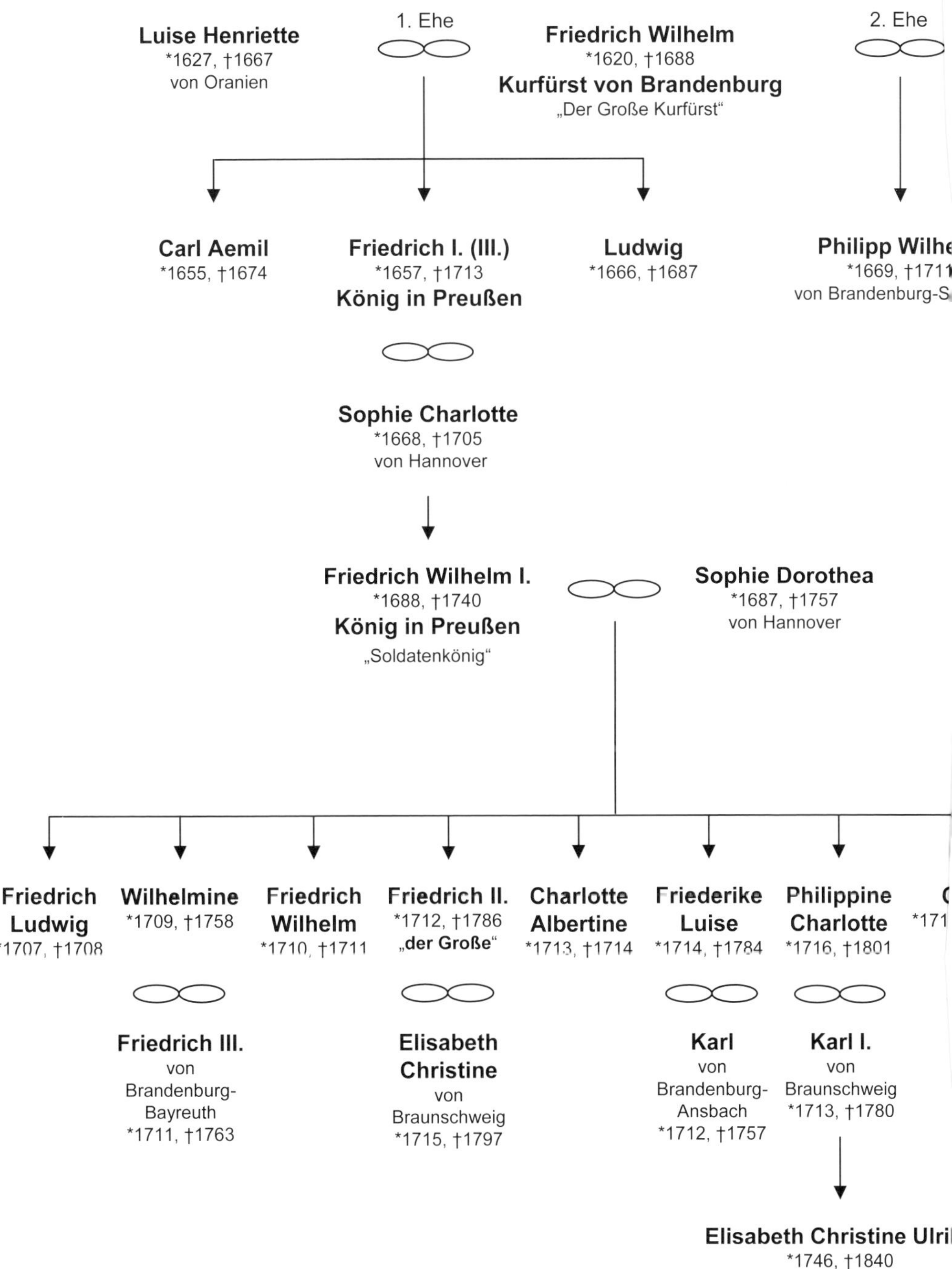

Luise Henriette
*1627, †1667
von Oranien
1. Ehe
Friedrich Wilhelm
*1620, †1688
Kurfürst von Brandenburg
„Der Große Kurfürst“
2. Ehe
Carl Aemil
*1655, †1674
Friedrich I. (III.)
*1657, †1713
König in Preußen
Ludwig
*1666, †1687
Philipp
*1669
Sophie Charlotte
*1668, †1705
von Hannover
Friedrich Wilhelm I.
*1688, †1740
König in Preußen
„Soldatenkönig“
Sophie Dorothea
*1687, †1757
von Hannover
Friedrich Ludwig
*1707, †1708
Wilhelmine
*1709, †1758
Friedrich Wilhelm
*1710, †1711
Friedrich II.
*1712, †1786
„der Große“
Charlotte Albertine
*1713, †1714
Friederike Luise
*1714, †1784
Philippine Charlotte
*1716, †1801
Friedrich III.
von
Brandenburg-
Bayreuth
*1711, †1763
Elisabeth Christine
von
Braunschweig
*1715, †1797
Karl
von
Brandenburg-
Ansbach
*1712, †1757
Karl I.
von
Braunschweig
*1713, †1780
Elisabeth Christine
*1746, †1840

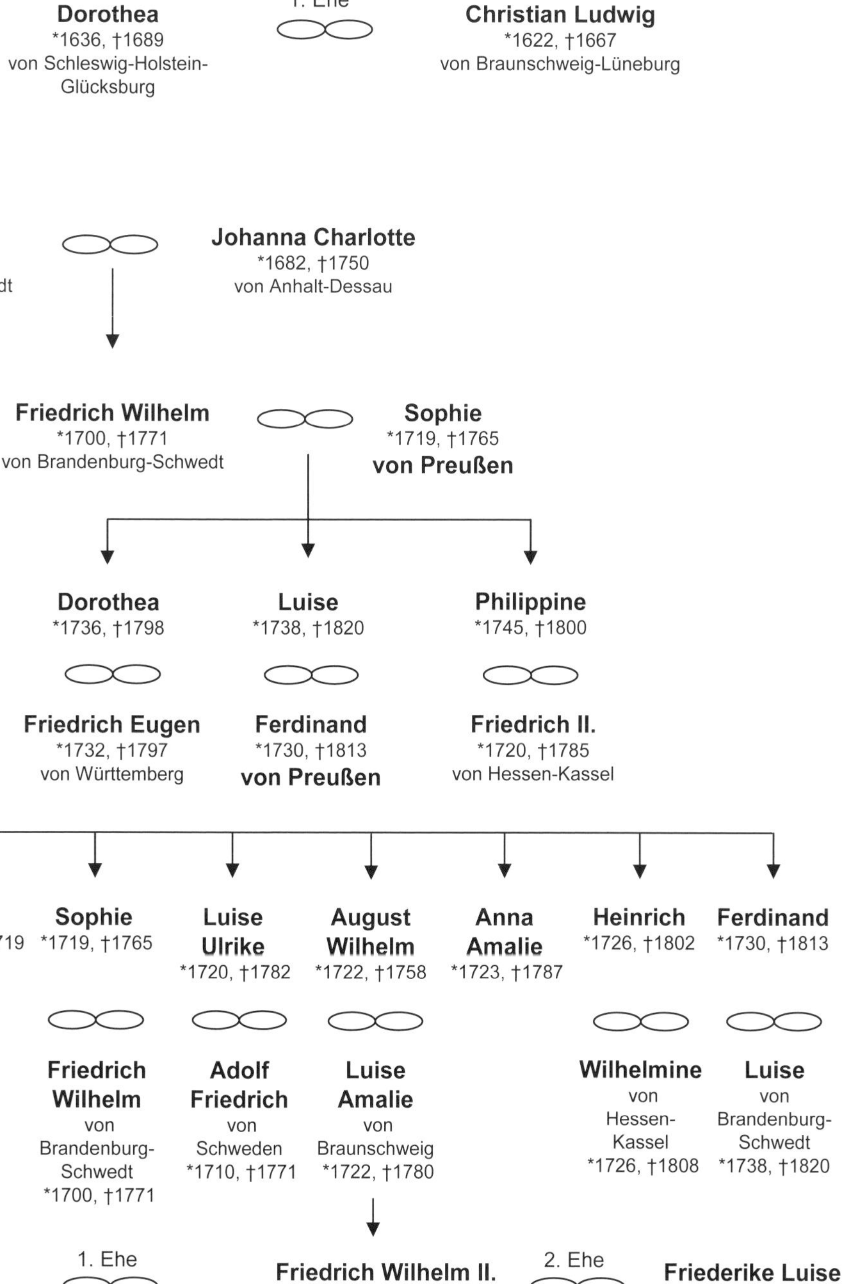

Dorothea
*1636, †1689
von Schleswig-Holstein-Glücksburg
1. Ehe
Christian Ludwig
*1622, †1667
von Braunschweig-Lüneburg
lm
chwedt
Johanna Charlotte
*1682, †1750
von Anhalt-Dessau
Friedrich Wilhelm
*1700, †1771
von Brandenburg-Schwedt
Sophie
*1719, †1765
von Preußen
Dorothea
*1736, †1798
Luise
*1738, †1820
Philippine
*1745, †1800
Friedrich Eugen
*1732, †1797
von Württemberg
Ferdinand
*1730, †1813
von Preußen
Friedrich II.
*1720, †1785
von Hessen-Kassel
arl
†1719
Sophie
*1719, †1765
Luise Ulrike
*1720, †1782
August Wilhelm
*1722, †1758
Anna Amalie
*1723, †1787
Heinrich
*1726, †1802
Ferdinand
*1730, †1813
Friedrich Wilhelm
von Brandenburg-Schwedt
*1700, †1771
Adolf Friedrich
von Schweden
*1710, †1771
Luise Amalie
von Braunschweig
*1722, †1780
Wilhelmine
von Hessen-Kassel
*1726, †1808
Luise
von Brandenburg-Schwedt
*1738, †1820
ke
1. Ehe
Friedrich Wilhelm II.
*1744, †1797
2. Ehe
Friederike Luise
von Hessen-Darmstadt
*1751, †1805
Haus Preußen bis heute

Quellen- und Literaturverzeichnis

Arnheim, Fritz (Hrsg.): Luise Ulrike, die schwedische Schwester Friedrichs des Großen. Unveröffentlichte Briefe an Mitglieder des preußischen Königshauses. 2 Bde. Gotha 1909/10

Berger, Günter: Wilhelmine von Bayreuth. Leben heißt eine Rolle spielen. Regensburg 2018

Bielfeld, Jacob Friedrich von: Friedrich der Große und sein Hof. In vertrauten Briefen geschrieben von 1738-1760. Deutsche Auswahl in zwei Bänden. Breslau 1838

Blanning, Tim: Friedrich der Große, König von Preußen. Eine Biographie. München 2019. Originalausgabe: Frederick the Great, King of Prussia. New York 2016

Bleckwenn, Hans: Unter dem Preußenadler 1640-1807, 1900

Buchner, Siglinde: Der »wilde Markgraf« und seine Mätresse Elisabeth Wünsch. In: Alt-Gunzenhausen, Heft 62 (2007), S. 7 ff.

Campbell-Orr, Clarissa (Hrsg.): Queenship in Europe 1660-1815. The role of the consort. Cambridge 2004

Debuch, Tobias: Anna Amalia von Preußen (1723-1787). Prinzessin und Musikerin. Berlin 2001

Dilba, Carsten: Die lebensgroßen Wachsfiguren der Kinder Sophie Dorotheas und Friedrich Wihelms I. in Preußen. KultGeP – Vorträge und Forschungen 1 (2015)

Droysen, Hans (Hrsg.): Aus den Briefen der Herzogin Philippine Charlotte von Braunschweig (1732-1801). (= Quellen und Forschungen zur Braunschweigischen Geschichte, Bd. 8, 1916). [Umfasst die Jahre 1732-68.] Wolfenbüttel 1916. – Unveröffentlichtes Manuskript, umfassend die Jahre 1769-1800, im Niedersächsischen Staatsarchiv Wolfenbüttel, Signatur 299N 58-61

Feuerstein-Praßer, Karin: Friedrich der Große und seine Schwestern. Regensburg 2006

Frauensache. Wie Brandenburg Preußen wurde. [Ausstellungskatalog] Dresden 2015

Frey, Christopher: Friedrich von der Trencks Beziehung zu Prinzessin Amalie von Preußen sowie ein bisher unbekannter Brief Trencks. In: Mitteilungen des Instituts für Österreichische Geschichtsforschung, Bd. 116, Heft 1-2 (2008), S. 146-158

Friederisiko. Die Ausstellung. Hrsg.: Stiftung Preußische Schlösser und Gärten Berlin und Brandenburg. München 2012

Friedrich der Große. Sammler und Mäzen. Hrsg. Johann Georg Friedrich Prinz von Hohenzollern. Katalog Kunsthalle der Hypo-Kulturstiftung. München 1992

Friedrich Wilhelm von Preußen / Kretschmer, Sibylle / Heckmann-Jantz, Kirsten: »... solange wir zu zweit sind«. Friedrich der Große und Wilhelmine Markgräfin von Bayreuth in Briefen. München 2003

Giebel, Wieland (Hrsg.): Die Tagebücher des Grafen Lehndorff. Die geheimen Aufzeichnungen des Kammerherrn der Königin Elisabeth Christine. Berlin 2007

Göse, Frank: Friedrich I. (1657-1713) Ein König in Preußen. Regensburg 2012

Göse, Frank: Friedrich Wilhelm I. Die vielen Gesichter des Soldatenkönigs. Darmstadt 2020

Göse, Frank / Kloosterhuis, Jürgen (Hrsg.): Mehr als nur Soldatenkönig. Neue Schlaglichter auf Lebenswelt und Regierungswerk Friedrich Wilhelms I. (= Veröffentlichungen aus den Archiven Preußischer Kulturbesitz/Forschungen) Berlin 2020

Die Gruft der Hohenzollern im Berliner Dom. Hrsg. von der Oberpfarr- und Domkirche zu Berlin. Berlin 2005

Günther, Heiko: Friedrich Freiherr von der Trenck. Liebhaber der Prinzessin Amalie von Preußen, Gefangener Friedrichs des Großen. Magdeburg 2012

Hinrichs, Carl: Friedrich Wilhelm I., König in Preußen. Eine Biographie. Jugend und Aufstieg. Ergänzter reprograph. Nachdruck. Darmstadt 1968

Jägerskiöld, Olof: Lovisa Ulrika. Stockholm 1945

Kaiser, Michael / Luh, Jürgen / Rohrschneider, Michael (Hrsg.): Machtmensch – Familienmensch. Kurfürst Friedrich Wilhelm von Brandenburg (1620-1688). Münster 2020

Kekulé von Stradonitz, Stephan: Amalia Schönhausen und ihre angebliche Abstammung von der Prinzessin Anna Amalia von Preußen und dem Freiherrn Friedrich von der Trenck. In: Zeitschrift für niedersächsische Familiengeschichte, Bd. 7 (1925), S. 1-7

Kemper, Thomas: Schloss Monbijou. Von der königlichen Residenz zum Hohenzollern-Museum. Berlin 2005

Krauel, Richard: Originalbriefe Friedrichs des Großen, des Prinzen Heinrich und der Prinzessin Amalie von Preußen an die Herzogin Charlotte von Braunschweig. In: Forschungen zur brandenburgisch-preußischen Geschichte, XIII (1900), S. 377-404

Krieger, Bogdan: Das königliche Schloss Bellevue bei Berlin und sein Erbauer Prinz Ferdinand von Preußen. Berlin 1906

Krockow, Christian von: Die preußischen Brüder. Prinz Heinrich und Friedrich der Große. Ein Doppelportrait. Stuttgart 1996

Lavater-Sloman, Mary: Der vergessene Prinz. August Wilhelm von Preußen, Bruder Friedrichs des Großen. München u.a. 1973

Lehndorff, Ernst Ahasverus Heinrich von: Dreißig Jahre am Hofe Friedrichs des Großen. Aus den Tagebüchern des Reichsgrafen E.A.H. v. L., Kammerherrn der Königin Elisabeth Christine von Preußen. Hrsg. von Karl-Eduard Schmidt-Lötzen. 3 Bde. Gotha 1907/10/12

Luh, Jürgen: Der Große Kurfürst. Sein Leben neu betrachtet. Berlin 2020

Matthies, Helene: Lottine. Lebensbild der Philippine Charlotte, Schwester Friedrichs des Großen, Gemahlin Karls I. von Braunschweig. Braunschweig 1958

Meier, Brigitte: Friedrich Wilhelm II. König von Preußen (1744-1797). Ein Leben zwischen Rokoko und Revolution. Regensburg 2007

Merten, Hans-Rüdiger: Prinz Ferdinand von Preußen (1730-1813). Bruder Friedrichs des Großen. Karwe 2020

Müller, Friedrich Ludwig: Die Markgräfin. Aus dem Leben der preußischen Prinzessin Wilhelmine. (Publikationen der Deutschen Stiftung Denkmalschutz) Bonn 2003

Münch, Ingrid: Testament und Begräbnis der Herzogin Philippine Charlotte von Braunschweig-Lüneburg. In: Braunschweiger Jahrbuch 68 (1987), S. 51-82

Noack, Paul: Elisabeth Christine und Friedrich der Große. Ein Frauenleben in Preußen. Stuttgart 2001

Ordnung, Werner: Das kurze Leben der Markgräfin Wilhelmine. Eine medizinische Betrachtung. Bayreuth 2012

Oster, Uwe A.: Der preußische Apoll. Prinz Louis Ferdinand von Preußen. Regensburg 2003

Oster, Uwe A.: Wilhelmine von Bayreuth. Das Leben der Schwester Friedrichs des Großen. München u.a. 2005

Pangels, Charlotte: Königskinder im Rokoko. Die Geschwister Friedrichs des Großen. München 1976

Pantenius, Wilhelm Moritz: Der Prinz von Preußen August Wilhelm als Politiker. (= Historische Studien; 108) Berlin 1913

Poseck, Ernst: Die Kronprinzessin. Elisabeth Christine, Gemahlin Friedrichs des Großen, geb. Prinzessin von Braunschweig-Bevern. Berlin 1940

Prinz Heinrich von Preußen. Ein Europäer in Rheinsberg. [Ausstellungskatalog]. München 2002

Pumpe, Anton: Heldenhafter Opfertod des Herzogs Leopold von Braunschweig 1785 in der Oder – Wahrheit oder Legende? Presse im Spannungsfeld zwischen Aufklärung und Propaganda. (= Quellen und Forschungen zur braunschweigischen Landesgeschichte; Bd. 44) Braunschweig 2008

Rainer, Claes: Lovisa Ulrika. Konst och kuppförsök. Stockholm 2019

Röhrig, Anna Eunike: Mätressen und Favoriten. Ein biographisches Handbuch. Göttingen 2010

Roempke, Gunilla: Vristens makt – dansös i mätressernas tidevarv. Stockholm 1994

Sachs, Curt: Prinzessin Amalie von Preußen als Musikerin. In: Hohenzollern-Jahrbuch 14 (1910), S. 181-191

Schmidt, Werner: Friedrich I. Kurfürst von Brandenburg, König in Preußen. München 1996

Schulze, Johannes: Friedrich Freiherr von der Trenck und Prinzessin Amalia. In: Jahrbuch für brandenburgische Landesgeschichte, 24 (1973), S. 7-19

Seelig, Lorenz: Friedrich und Wilhelmine von Bayreuth. Die Kunst am Bayreuther Hof 1732-1763. München 1982

Störkel, Arno: Friederike Louise. Prinzessin in Preußen, Markgräfin von Ansbach. Würzburg 2018

Thiébault, Dieudonné: Frédéric le Grand, sa famille, sa cour ... ou mes souvenirs de 20 ans de sejour à Berlin. 5 Bde. Paris 1826. Deutsche Ausgabe: Friedrich der Große und sein Hof. Persönliche Erinnerungen an einen zwanzigjährigen Aufenthalt in Berlin. Bearbeitet von Heinrich Conrad. Erstausgabe Stuttgart um 1910, Reprint Berlin 2005

Ullmann, Hellmuth von: Beinahe ein König. Das seltsame Leben des Prinzen Heinrich von Preußen, Bruder Friedrichs des Großen. Heilbronn 1984

Vehse, Karl Eduard: Illustrierte Geschichte des preußischen Hofes, des Adels und der Diplomatie vom Großen Kurfürsten bis zum Tode Kaiser Wilhelms I. 2 Bde. Stuttgart 1901

Vinage, Renate du: Leopoldine von Brandenburg-Schwedt. Schicksal einer Markgräfin am preußischen Hof. Göttingen 2012

Vinage, Renate du: Über Frauen um Friedrich II. den Großen. Göttingen 2018

Volz, Gustav Berthold (Hrsg.) / Oppeln-Bronikowski, Friedrich von (Übers.): Briefwechsel Friedrichs des Großen mit seinem Bruder August Wilhelm. Leipzig o.J. [1927]

Voss, Sophie Marie von: 69 Jahre am preußischen Hof. Aus den Erinnerungen der Oberhofmeisterin S.M. Gräfin v.V. Leipzig 1900

Wilhelmine von Bayreuth: Eine preußische Königstochter. Glanz und Elend am Hofe des Soldatenkönigs in den Memoiren der Markgräfin W.v.B. Aus dem Französischen von Annette Kolb, hrsg. von Ingeborg Weber-Kellermann. Frankfurt 1990

Wintzingerode, Heinrich Jobst von: Die märkische Amazone. Kurfürstin Dorothea von Brandenburg. Göttingen 2012

Wintzingerode, Heinrich Jobst von: Schwierige Prinzen. Die Markgrafen von Brandenburg-Schwedt. Berlin 2011

Ziebura, Eva: August Wilhelm, Prinz von Preußen. Berlin 2006

Ziebura, Eva: Kein Mitleid mit den Frauen. Das Leben der Königin Elisabeth Christine und ihrer Schwester Louise Amalie am preußischen Hof. Berlin 2006

Ziebura, Eva: Prinz Heinrich von Preußen. Biographie. Berlin 2004

Abbildungsnachweis

Angermuseum Erfurt
Seite: 127

Bodemuseum Berlin
Seite: 147

Herzog Anton Ulrich-Museum Braunschweig
Seite: 102 (ehem. Schl. Marienburg)

Herzog August Bibliothek Wolfenbüttel
Seite: 163

Hohenzollernmuseum Schloss Monbijou (Kriegszerstört 1945)
Fotografien von 1911
Seiten: 29, 51, 80, 117

Nationalmuseum Stockholm
Seiten 137, 143, 150

Nationalmuseum Warschau
Seite: 199

Neues Schloss Bayreuth
Seite: 44

Preußenmuseum Minden
Seite: 165

Privatbesitz
Seiten: 19 (ehem. Schl. Marienburg), 22, 25, 33 (ehem. Schl. Marienburg), 40 (ehem. Schl. Marienburg), 41, 45, 55, 60 (ehem. Schl. Marienburg), 61 (ehem. Schl. Marienburg), 62, 65, 66, 68, 69 (ehem. Schl. Marienburg), 73 (ehem. Schl. Marienburg), 77 (ehem. Schl. Marienburg), 81, 88, 89, 93, 94, 106 (ehem. Schl. Marienburg), 107 (ehem. Schl. Marienburg), 111 (ehem. Schl. Marienburg), 136, 151, 158 (ehem. Schl. Marienburg), 168 (ehem. Schl. Marienburg), 183, 189 (ehem. Schl. Marienburg), 192

Rijksmuseum Amsterdam
Seite: 15

Royal Collection London
Seite: 96

Schloss Gripsholm
Seiten: 15, 131

Schloss Marienburg (Niedersachsen)
Seite: 99

Schloss Wilhelmsthal (Hessen)
Seite: 182

Staatliche Gemäldegalerie Berlin
Seiten: 116, 173

Stiftung Preußischer Schlösser und Gärten (SPSG)
Seite 18: GK I 891, Fotograf: R. Handrick
Seite 23: GK I 7021, Fotograf: W. Pfauder
Seite 24: GK I 5242, Fotograf: R. Handrick
Seite 26: GK I 2882, (Eigentum Haus Preußen bzw. Hohenzollern)
Seite 52: GK I 3424, Fotograf: D. Lindner
Seite 59: GK I 2982, Fotograf: K. Bergmann
Seite 63 u. Cover: GK I 50958, Fotograf: W. Pfauder
Seite 84: GK I 1020, Fotograf: J. P. Anders
Seite 121: GKI 1021, Fotograf: R. Handrick
Seite 155: GK I 481, Fotograf: R. Handrick
Seite 177: GK I 2979, Fotograf: W. Pfauder
Seite 195: GK I 8421, Fotograf: R. Handrick
Seite 202: GK II (6) 208, Fotograf: W. Pfauder

Autorin

Anna Eunike Röhrig wurde 1962 in Pirmasens geboren und lebt mit ihrer Familie seit 1984 in Hildesheim. Hier ist sie als Bibliothekarin an der mehr als 1200 Jahre alten Dombibliothek tätig. Sie übersetzte ca. 30 Werke aus dem Englischen und dem Französischen und schrieb geschichtliche Sachbücher und den Roman »Die Macht der Puppen« um den Hof Heinrichs VIII. von England. Sie ist Mitverfasserin der Suhrkamp-Bände »Berühmte Frauen« und veröffentlichte zahlreiche Lexikonartikel, wissenschaftliche Aufsätze und Festschriftbeiträge.